JN083777

グラビア
写真で見る日建設計の120年

大阪府立中之島図書館（旧称：大阪図書館）　1904年

写真出典　日高胖（編）「野口博士　建築図集」日高胖、1920年
（詳細は27ページ参照）

住友ビルディング　1930年

写真撮影　Prof. Botond Bognar

（詳細は29ページ参照）

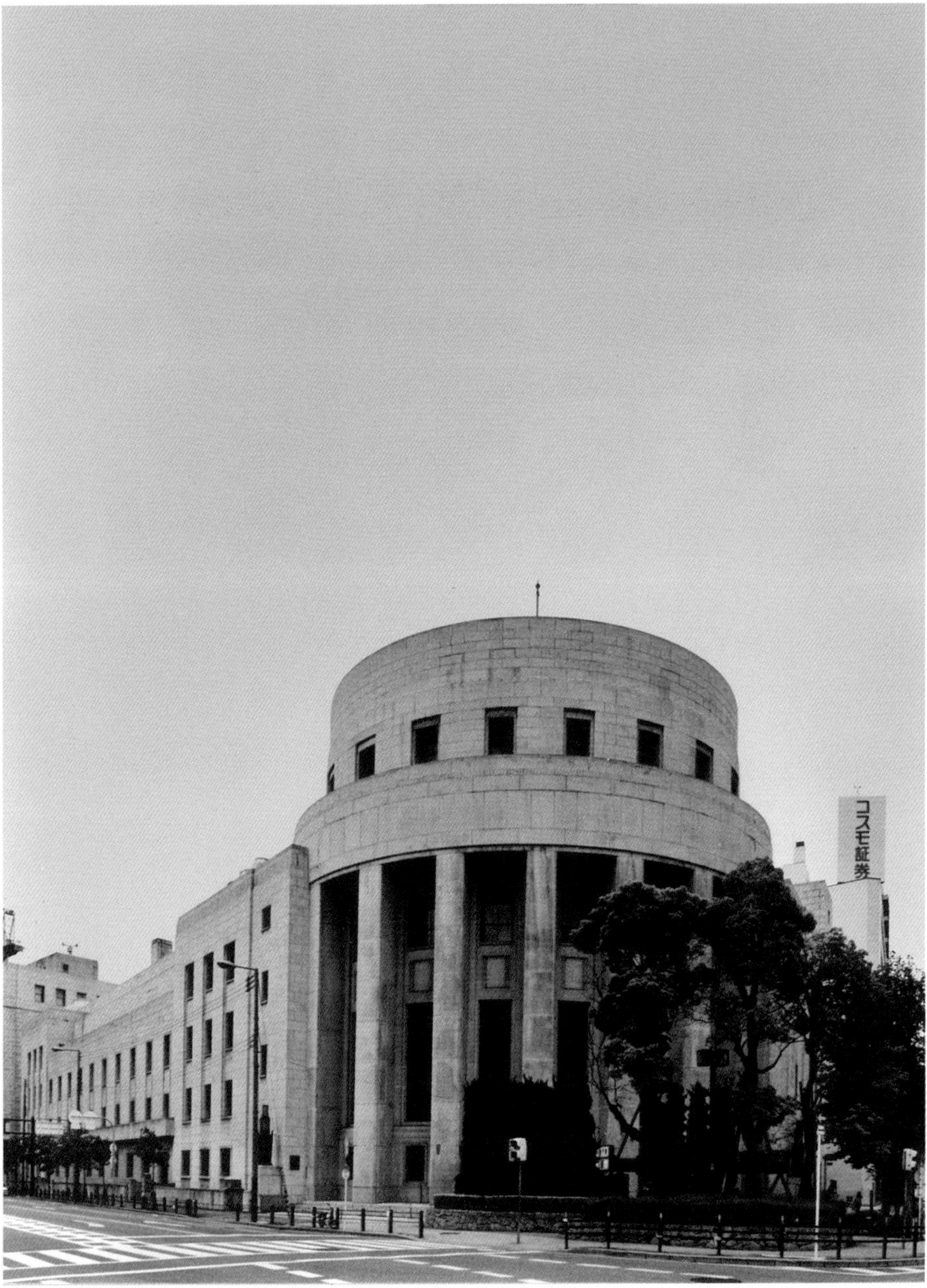

大阪証券取引所（旧称：大阪株式取引所）　**1935年**

写真提供　日建設計
（詳細は31ページ参照）

東京タワー（日本電波塔）　**1958年**

Licensed by TOKYO TOWER
（詳細は35ページ参照）

百十四ビル　1966年

写真撮影　名執一雄（ナトリ光房）

（詳細は43ページ参照）

パレスサイド・ビルディング　1966年

写真撮影　村井修

（詳細は43ページ参照）

ツイン21/OBP　1986～1990年代

写真撮影　三島叡
(詳細は45ページ参照)

東京ドーム　1988年

写真撮影　わたなベスタジオ
（詳細は46ページ参照）

NECスーパータワー（日本電気本社ビル）　**1990年**

写真撮影　三島叡
（詳細は15ページ参照）

キーエンス本社・研究所ビル　1994年

写真撮影　柄松写真事務所（柄松稔）

（詳細は91ページ参照）

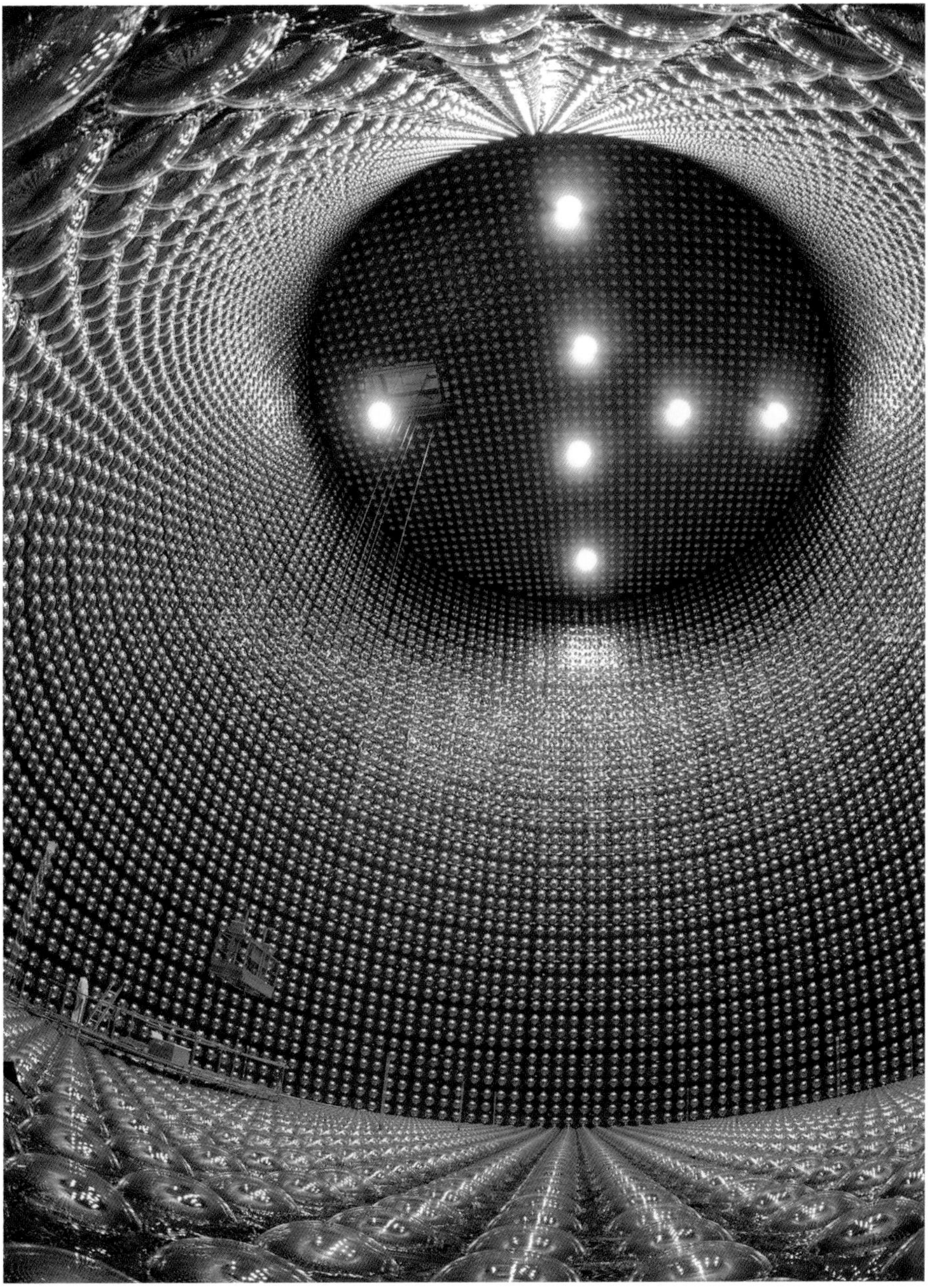

スーパーカミオカンデ　1996年

写真提供　東京大学宇宙線研究所 神岡宇宙素粒子研究施設
（詳細は47ページ参照）

クイーンズスクエア横浜　1997年

写真撮影　三輪晃久写真研究所

（詳細は105ページ参照）

泉ガーデン　2002年

写真撮影　川澄・小林研二写真事務所
（詳細は107ページ参照）

ホキ美術館　2010年

写真撮影　ナカサアンドパートナーズ

（詳細は93ページ参照）

東京スカイツリー®　2012年

写真撮影　新良太
（詳細は49ページ参照）

渋谷スクランブルスクエア第I期（東棟）　2019年

写真提供　渋谷スクランブルスクエア

（詳細は73ページ参照）

誰も知らない日建設計

宮沢　洋

まえがき

「東京タワー」「東京ドーム」「東京スカイツリー」。日本人であればまず知らない人はいないだろうと思われるこの三つの建築。その共通項は何か――。そう問われたら、名門大学のクイズ王でも即答するのは難しいのではないか。

これら三つに共通するのは、「日建設計」という組織設計事務所が、設計の中心になって実現したということである。

一級建築士900人、世界最大級の設計事務所

「日建設計、何それ?」「組織設計事務所って?」「建築家じゃないの?」と、矢継ぎ早に質問が飛んできそうである。ここで基本的な言葉の説明をしておく。まず、「建築家」という言葉は、日常的に使われるが、実は明確な定義のない言葉である。実態としては、安藤忠雄氏や隈研吾氏のように、「個人の名を冠して設計活動を行う設計者」を指すことが多い。「医師」のような「資格」を指す言葉は、建築家ではなく「建築士」である。

建物を設計することができる「建築士」の資格には「木造建築士」「二級建築士」「一級建築士」の3種類ある。木造建築士と二級建築士が設計できるのは戸建て住宅などの小規模な建物で、一級建築士は、規模を問わずなんでも設計できる。だから、一級建築士が最も資格

試験が難しい。

その難しい一級建築士資格を持つ社員を、日本で一番たくさん抱えているのが日建設計である。2021年春時点では、一級建築士910人。社員数はその倍以上の約2000人。さらに、関連会社を含む日建グループ全体では、何と約3000人の規模になる。これは海外と比べても、指折りの規模だ。

実は「組織設計」が都市をつくっている

日建設計は、2021年で創設121年となる。前身である「住友本店臨時建築部」が発足したのがちょうど1900年（明治33年）。設計事務所の中で圧倒的に歴史が古く、かつ規模も大きい。だから、建設業界で知らない人はまずいない。

しかし、一般の人はほぼ知らない。かくいう筆者も、建築の世界に放り込まれるまでは全く知らなかった。

筆者が何者なのかを少し説明させてほしい。筆者は建築専門雑誌『日経アーキテクチュア』の編集記者を1990年から2020年まで30年間務めた。最後の4年間は編集長も経験した。年数でいえばバリバリの建築系だが、もともとは建築とは縁のない文系出身だ。

筆者も、建物はすべて安藤忠雄氏のような個人の「建築家」が設計しているのだと思っていた。しかし、取材を始めるとすぐに、都市の大型建物のほとんどは、日建設計のような

「組織設計」か、総合建設会社（ゼネコン）の設計部門が設計していることが分かった。「組織設計」は、社員が１００人を超えるような大規模な設計事務所を指す。

筆者は「建築」の面白さにぐいぐいと引き込まれていった。建築家が設計する個性的な建物も面白かったが、一方で、組織設計がチーム力を生かして設計する建物の魅力にもはまった。そうした組織設計の中でも、日建設計の力は図抜けているように感じた。エリート集団とは思えない個性的な社員たちにも惹かれた。

１２０年の歴史で初めての「デザイン戦略」

編集記者歴30年の節目で、筆者は独立した。その矢先（２０２０年2月）に、日建設計の今回の取り組みを知った。創設１２０年を機に、初めての「デザイン戦略」をつくるのだという。それをステップにグループ各社がさらなる飛躍を遂げ、「都市や建築をつくる多様な人々から成る専門家集団」へと変わろうとしているのだ、と。

それから約1年にわたり、議論の様子を傍聴し、記録したのが本書である。本書は日建設計の協力を得て執筆したものだが、着眼点や文章表現はあくまで筆者個人のもので、記事中で取り上げたプロジェクトも筆者が選んだものであることを申し添えておく。

まずは、2人のキーマン、筆者も旧知である山梨知彦と大谷弘明の決意、いや戸惑いから話を始めよう。

目次

IGN GOALS

04 Flexibility Design

05 Digital Transformation

06 Conversion & Re-use

09 Global Design

10 Risk Management

14 After COVID-19

15 Design for Dream

What is the next goal ?

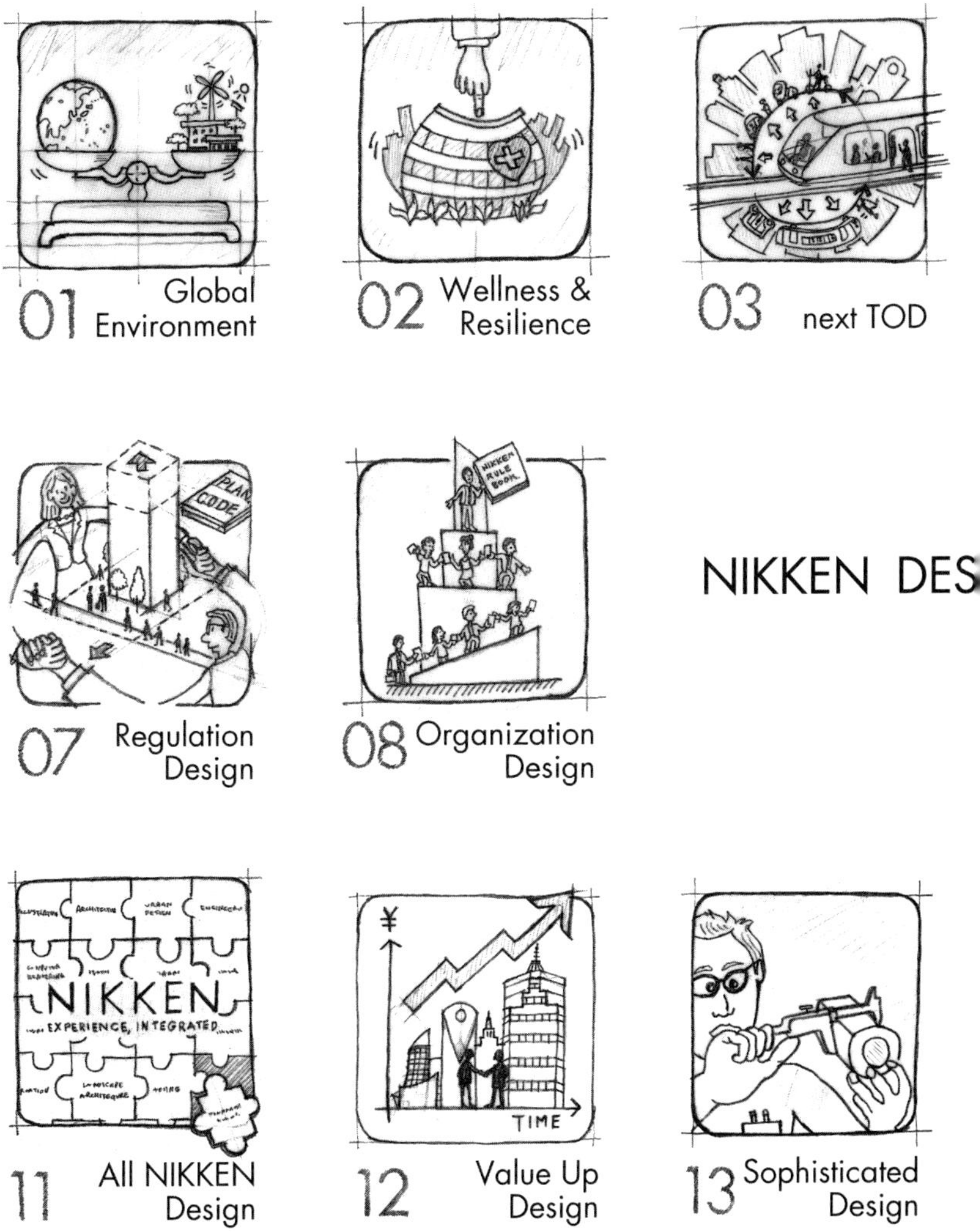

イントラネット上の「日建デザインゴールズ」のトップ画面に並ぶアイコン集。
イラスト制作は日建設計イラストレーションスタジオ

本書の楽しみ方

本書は、全体の流れがつかみやすくなるよう、左ページの余白に見開きのポイントとなる印象的なフレーズを大きな字で載せた。余白の下には物語のカギとなる6つの建築をパラパラ漫画にした。まずは全体をパラパラとめくってみて、頭から順番に読むのもよし、気になる章からランダムに読むのもよし。紙の本ならではの面白さを味わっていただきたい。

なお、余白のパラパラ漫画は筆者の手による。

1章

組織設計の二枚看板、山梨知彦・大谷弘明の苦悩

日建設計の社員に、「入社のきっかけとなったプロジェクトは何か」と尋ねると、面白いほど答えがばらける。

1960年生まれの山梨知彦は、東京大学大学院修士2年だった1985年、雑誌で目にした「**NECスーパータワー**（**日本電気本社ビル**）[※1]」の計画案が人生を変えた。空に向かって飛び立とうとするスペースシャトルのようなシルエットの超高層ビル。山梨の目をくぎ付けにしたのは、その胴体部分に空いた巨大な穴だった。

山梨知彦を日建に導いた〝東の顔〟

建設地は東京・三田。地上43階建ての超高層ビルの13階から15階にかけて大きな穴が空いている。これは、超高層ビル特有の「ビル風」を軽減するためのものだ。周囲に風が強く吹くエリアをつくらないために、何度も風洞実験を重ね、その解決策としてこの形は生まれた。加えて、この穴は、真下にあるアトリウムへの光の取り入れ口にもなっている。

設計したのは、日建設計東京事務所の林昌二（1928～2011年）が率いる設計チームだった。当時、日建設計の〝東の顔〟と呼ばれていた設計者だ。「都市レベルの考え方が建築の形に落とし込まれている。こんな建築を設計してみたい」――。それまでは〝プロフェッサー・アーキテクト〟（大学での研究活動の傍ら実作を設計する建築家）を目指していた山梨だったが、正反対ともいえる組織設計に目標を変えた。

決めると行動が早いのは、今の山梨と同じだ。数日後に迫っていた博士課程の試験を受験しないことを、担当教授に申し出た。「日建設計に入れる保証は全くなかったけれど、そうすることで退路を断った。そのくらい日建に入りたくなった」と山梨は笑う。

ＮＥＣスーパータワーは、山梨が日建設計に入社した後の１９９０年に完成し、多くのメディアに取り上げられた。山梨がこのプロジェクトに関わることはなかったが、林昌二とは入社後、不思議な縁が続いた。そしていつしか、山梨が〝東の顔〟となる。

後輩の大谷弘明が同期で入社

この記録のもう1人のキーマンである大谷弘明は、山梨と同じ１９８６年の入社だ。大谷は大学院に進まず学部卒で入社したので、年齢は山梨より２歳下。１９６２年生まれの大谷

※1
NECスーパータワー（日本電気本社ビル）
1990年、東京。設計：日建設計、施工：鹿島建設・大林組JV。S造・SRC造・RC造。延べ面積14万5100m^2。日本電気が発祥の地である東京・三田に建設した超高層ビル。中央部に大きな風抜き穴を持つ。その下のアトリウムのガラス屋根は開閉する。アトリウムの進化史においてもエポックといえるプロジェクト
（S造＝鉄骨造、SRC造＝鉄骨鉄筋コンクリート造、RC造＝鉄筋コンクリート造。以下も同じ）

は、小さい頃から手先が器用で、高校時代に知った吉田五十八《いそや》への憧れから、東京芸術大学の建築学科に入る。

吉田五十八（1894〜1974年）は日本建築や数寄屋建築を独自に近代化した建築家として知られる。東京芸術大学で長く教鞭を執り、今も同大の教育に影響を与えている。「本屋で吉田五十八の本を何かの拍子に手に取って、電撃に打たれた。なんと素晴らしいプロポーションなんだと」。大谷は当たり前のようにそう言うが、吉田五十八の建築は、派手さのない玄人好みのデザイン。その良さが分かる高校生はかなり大人びている。「周りの子とは違う変な子どもだった」と大谷は笑う。

実は、山梨も、大学は東京芸大だ（大学院から東大に転入）。2年間は芸大で同じ空気を吸っていた。「山梨さんは立て板に水で、当時から目立つ存在だった」と大谷は振り返る。

大谷は山梨と違い、一刻も早く実社会に出たかった。大学院に興味が持てず、就職先を探した。「自分は職人的な気質なので、実際につくりながら覚えたい。どこに行けば、早く、納得のいくものが設計できるようになるかを考えていた」

〝西の顔〟薬袋公明が大谷を導く

吉田五十八への憧れは変わっていなかったが、吉田が亡くなって10年以上がたっていた。就職先を探していた大谷が惹かれたのが東京・大手町の「**三和銀行東京ビル**※2」だった。

皇居のお堀端に１９７３年に竣工。２０１２年に解体されて今はない。当時の写真を見ると、濃いグレーの花崗岩で覆われた25階建てのビルで、縞模様のように各階に並ぶ彫りの深い連窓が印象的だ。装飾的な要素は全くと言っていいほどない。「素晴らしいプロポーション。組織設計が設計したビルとは思わなかった。こんなふうに奇をてらわずに人を感動させる建物を設計したい」と大谷は思った。

これは日建設計大阪事務所のリーダー的存在で、後に社長も務める薬袋《みない》公明が設計の中心になったプロジェクトだ。薬袋は大阪が拠点だが、銀行関係者から信頼が厚く、全国の銀行の拠点ビルや関連施設を設計した。当時、林が日建設計の〝東の顔〟、薬袋は〝西の顔〟と呼ばれていた。

日建設計に入社した大谷は、出身が大阪だったこともあり、研修期間を終えるとすぐに、

※2
三和銀行東京ビル

1973年、東京。設計：日建設計。落ち着いた意匠に加え、高層ビルにおける省エネルギー対策を盛り込んだ先駆的なプロジェクトでもある。彫りの深い窓を庇として機能させるとともに、窓ガラスは複層にして冷暖房負荷の低減を図った。日本に導入されて間もない可変風量（VAV）装置を全面的に採用。インテリア系統のゾーン別温度制御を行い、各階空調方式と併せて搬送動力の低減を図った。建て替えのため2012年に解体

薬袋が指揮を執る大阪事務所に配属された。それから30年以上がたち、大谷が今は〝西の顔〟となった。

亀井会長が動いた二つの理由

「この2人しかいない」。2019年が終わろうとする頃、亀井忠夫会長（当時は社長）は社内のデザインを統括する新たな役割「チーフデザインオフィサー（CDO）」を新設することを決め、大谷と山梨の顔を思い浮かべた。

日建設計の120年の歴史の中で、これまで「社全体のデザインを統括するポジション」を置いたことはない。デザインの方向性を示す指針も掲げたことはない。

2015年1月に社長に就任した亀井は、社の舵を取る役割になって4年、経営とは別にデザインの舵を取る役割が必要だと感じていた。

理由は大きく二つある。一つは、組織規模が大きくなるとともに、社員のプロフィルが多様化したこと。「私が入社したとき（1981年）には、日建設計の社員は1000人くらいだった。その後の40年の間に、クライアントの要望が設計以外のいろいろな領域に広がっていき、今では日建グループ全体で3000人近くにまで膨らんだ。数だけではなく、職種も広がり、外国籍の人も多い。中途入社の人も増えた。かつてのように『**言わなくてもなんとなく分かる**』**という組織規模ではなくなりつつある**」

もう一つは「日建設計のデザインのスタンスをさらに社外にアピールしていく必要がある」と感じていたこと。これはクライアントとなる経営者層と日々接する亀井だからこその危機感かもしれない。「日建設計がかつてよりも幅広い仕事をするようになり、社外から見たときに『ＮＩＫＫＥＮ』と『デザイン』が結び付きづらくなってきている」

７社で構成される日建グループ

ここで日建グループについて少し説明しておこう。本書で中心とするのは日建設計の話になるが、日建グループは以下の７社で構成される。日建設計、北海道日建設計、日建ハウジングシステム、日建スペースデザイン、日建設計シビル、日建設計コンストラクション・マネジメント、日建設計総合研究所だ（各社の業務内容などは１０２ページ参照）。日建設計が約

「言わなくてもなんとなく分かる」という組織規模ではなくなりつつある。

２０００人。他のグループ企業合計で約１０００人という規模だ。

「『ＮＩＫＫＥＮ』と『デザイン』が結び付きづらくなっている状況は、今後、強まっていく恐れがある。デザインをつかさどるポジションをつくり、日建設計の、できれば日建グループとしてのデザインの方向性を外に発信することが必須だ」と亀井は考えた。

上からの押し付けは社風に合わない

社長である亀井も、一級建築士資格を持つ設計者だ。「東京ドーム」（１９８８年）、「クイーンズスクエア横浜」（１９９７年）、「さいたまスーパーアリーナ」（２０００年）、「東京スカイツリー」（２０１２年）など華々しい設計経験を持つ。この会社は、歴代の経営トップの多くが設計者としても一流であるという不思議な会社だ。

経営トップが優れた設計者であるならば、トップがデザインの方向性を示すのが自然であるようにも思える。しかし亀井は、それは日建設計の気風に合わない、と考えた。

なぜか。日建設計という組織は、一言でいうと、**〝縛られ嫌い〟の集団**なのだ。**ルールをつくって上から押し付けても決してうまくいかない**、と直感的に思った。デザインを統括する役割は、経営トップとは別の人間で、かつ複数人が望ましい。そして彼ら自身に、その職務をどんなやり方で全うするかを自分で考えてもらおう。亀井はそう考えた。

頭に浮かんだのが山梨知彦と大谷弘明の顔だった。

組織設計の〝二枚看板〟

山梨と大谷は、社員2000人の日建設計の中でも、飛び抜けて目立つ存在だ。大谷は20代の頃から、山梨は30代前半には社内外で名を知られるようになった。

その知名度には「建築学会賞の受賞者」という看板が効いている。賞の正式名は「日本建築学会賞〈作品〉部門」。70年以上の歴史を持つ同賞は、建築設計の世界で特にステータスの高い賞だ。年に多くて3組、少ないときには受賞者ゼロもある狭き門。2人はこの賞を受賞している。過去に組織設計でこの賞を取った人は数人しかおらず、山梨に至ってはそれを2度も受賞している。

先にこの賞をとったのは大谷だった。2005年に「積層の家」で受賞した。これは大谷の自邸だ。つまり日建設計の仕事ではなく、プライベートで設計した自分の家で賞を取って

日建設計は縛られ嫌いの集団。
上から押し付けてもうまくいかない。

しまったのである。〝組織人〟のイメージから遠い大谷らしい。

山梨は、大谷から遅れること9年、「ソニーシティ大崎（現・NBF大崎ビル）」で2014年の日本建築学会賞を受賞した。そして4年後の2018年に「桐朋学園大学調布キャンパス1号館」で2度目の受賞を果たしている。この賞を2度受賞した人は、数人しかいない。

今では建築関係者であれば、誰もが2人の名前を知っている。日建設計に限らず、〝組織設計の二枚看板〟だと言っても言い過ぎではないだろう。

デザインを方向付ける「戦略」を

社内への説得力の点でも、社外への発信力の点でも、この2人に代わる選択はない——。そう考えた亀井は、新設したチーフデザインオフィサー（CDO）に山梨と大谷を任命。2人を呼んで自分の考えを説明した。

話を聞いた山梨は、「これは相当面倒な仕事だ」と思った。大谷は「お飾りにはなりたくない」と思った。2人とも、上っ面のお題目づくりで終わらせるタイプではない。

3人で意見を交換するなかで、亀井は「日建設計としてのデザインを方向付けていくには、〝デザイン戦略〟のようなものが必要ではないか」との考えを示した。

それは亀井も予想していなかった大きな議論へと展開していく。

2章

日本中に有名建築ズラリ、でも〝誰も知らない〟日建設計

デザイン戦略の議論に進む前に、「日建設計」という会社についてもう少し知っていただきたい。この組織の歴史（変遷）は、明治以降の日本経済を反映していて面白い。ビジネスに関わる人ならば知りたくなる話だと思う。

例えば、筆者がこの会社の歴史を調べていて驚いたのは、日建設計の源流となる組織から、現在の住友商事が生まれたという事実である。大元は住友商事ではなく、日建設計の方なのである。

そんなことを知るためにも、少しお時間をいただき、明治期に遡ろう。（デザイン戦略の議論を早く読みたい方は3章へ）

発足時は〝臨時〟の扱いだった

歴史の始まりは1895年（明治28年）5月に行われた住友財閥の会議にたどりつく。尾道支店で開かれた重役会だ。議題となった9項目のうち、1番目が住友銀行の創設、2番目が住友本店の建物の新築についてだった。この重役会で銀行業を始めることが決まり、**拠点となる住友本店について、以下の宣言が決議された。**

「**建築工事は数年を期し、充分堅固、百年の計をなすこと**」

その決議が、日建設計の前身となる「住友本店臨時建築部」誕生のきっかけだった。

明治維新から四半世紀がたち、国内では都市中枢の近代化が急速に進みつつあった。東京では三菱財閥が１８９０年（明治23年）に政府から丸の内一帯の払い下げを受け、コンドルやその弟子、曽禰《そね》達蔵を招いてすでに開発を始めていた。関西の雄である住友財閥も、文部技師であった山口半六を建築顧問に迎え、新たな拠点づくりをスタートさせた。

当時の住友財閥のリーダーは、第15代当主である住友吉左衞門友純《ともいと》（１８６５〜１９２６年）。友純は１８９５年11月に住友銀行が発足すると、２年後の１８９７年に自ら欧米の銀行などを視察する。茶道や絵画に造詣が深かった友純は、建築への関心も強く、１９００年（明治33年）６月、住友本店に「臨時建築部」を発足させた。これが日建設計の源流だ。

臨時建築部のスタッフ第１号として採用されたのは、野口孫市《まごいち》（１８６９〜１９１５年）。野口は東京帝国大学造家学科で辰野金吾に学んだ後、逓信省に勤務。30歳を過ぎた頃、住友家に請われて、銀行建築の調査のため欧州を視察。帰国直後に臨時建築部が発足し、技師長と

明治28年、「住友本店」新築の決議。「建築工事は百年の計をなすこと」

なった。

臨時建築部の礎を築いたもう1人のキーマンが日高胖《ゆたか》（1875～1952年）だ。日高は野口の東大の後輩で、建築部発足と同時に技師として採用された。

住友家寄贈の「大阪図書館」が高い評価

「臨時建築部」という名称からも分かるように、発足当初は期間限定の組織で、野口や日高も身分的には「臨時雇い」だった。臨時建築部には、住友本店ビルの設計のほかにもミッションがあり、その一つが「**大阪図書館**[※3]」（現・大阪府立中之島図書館）だった。

先に完成したのはこの大阪図書館。これは友純が大阪府に寄贈したもので、臨時建築部が発足した3カ月後の1900年9月に着工、1904年1月に完成した。この間、建築顧問だった山口半六が1900年8月に亡くなり、翌年3月、野口の師である辰野金吾が後任の建築顧問となっていた。

古典様式を踏襲したネオ・クラシシズムのスタイルをとったこの建物は、大きな話題になった。70年後の1974年に国の重要文化財となり、それから50年近くたった今も現役の図書館である。

長谷部鋭吉ら若い力で住友ビルディング完成

友純が「百年の計」と位置付けた住友本店ビルの設計は、時間をかけて進められた。まずは当面の拠点として、1908年（明治41年）に仮本店[※4]を建設した。これは木造2階建ての洋館で、野口が設計の中心となった。三つのドーム屋根を持つこの建物は、仮の建物とは思えない印象的な外観で市民に愛され、本店移行時には解体を惜しむ声が強かったという。

本点が着工したのは、臨時建築部の発足から22年もたった1922年（大正11年）だった。この間、組織体制に大きな変化があった。一つは〝臨時〟扱いでなくなったこと。大阪図書館や住友本店の仮建物（1908年）、住友家の別荘である須磨別邸[※5]（1903年完成、第二次大戦で焼失）の評価が高かったことから、1911年に常置組織である「住友総本店営繕課」へと昇格した。さらに1921年には、会社組織の変更に伴い「住友合資会社工作部」に名を

※3
大阪府立中之島図書館
（旧称：大阪図書館）

1904年、大阪市。設計：野口孫市（住友本店臨時建築部）。住友家第15代当主である住友吉左衛門友純（ともいと）の寄付によってつくられた。野口孫市が1915年に46歳の若さで亡くなった後、日高胖の設計で南北の増築棟が完成した。外観はルネサンス後期のパッラーディオ様式で、建物正面はコリント式円柱が並ぶギリシャ神殿を思わせる意匠。1974年に重要文化財に指定

※4
住友総本店仮建物

1908年、大阪。野口孫市（住友本店臨時建築部）。住友ビルディングの南半分の敷地に建てられた。1期工事が完成した後、建物は関西大学に寄贈移築され、この場所で2期工事が進められた

変える。

もう一つの変化は、初代技師長である野口孫市が1915年、46歳の若さで急逝したことだ。野口の死後は日高が組織のリーダーとなった。

野口の死の一方で、住友営繕課・住友工作部時代を牽引することになる二つの才能が育ちつつあった。長谷部鋭吉（1885〜1960年）と竹腰健造（1888〜1981年）だ。長谷部は東京帝国大学建築学科を卒業し、1909年に住友総本店に入社。長谷部よりも3歳下の竹腰は同じく東京帝国大学建築学科卒で、英国に約3年半留学した後、1917年に入社する。

若い力が加わって進められた住友本店ビルの設計案は1922年にまとまり、同年12月に着工した。工事は2期に分けられ、まず第1期として北半分が1926年に完成。南半分が1930年（昭和5年）に完成。全体完成時には「**住友ビルディング**[※6]」となった。

この大事業を最後まで統括したのは初期メンバーの日高だったが、外観の意匠は長谷部に負うところが大きいといわれる。竹腰はマネジメント能力に優れ、米国で鉄骨や設備の発注に奔走した。この時代、住友の工事は建設会社を介さず、直営で行われていたのだ。

15代当主、住友吉左衛門友純は1926年に亡くなり、全体完成を見ることはなかった。

住友を離れ、長谷部・竹腰建築事務所を設立

日高は住友ビルディング完成の翌年に定年退職。長谷部と竹腰がその後を担う。2人は自他共に認める名コンビだった。長谷部は敬虔なキリスト教徒で性格は温和。多くを語らず黙々と設計に打ち込むタイプ。一方の竹腰は、長谷部を尊敬し、その女房役として外部との折衝や経営面を受け持つことが多かった。

しかし、2人を試練が襲う。住友の建物はほとんどが直営工事であったため、工作部には最盛時約140人のスタッフがいた。しかし、住友ビルディングの第2期完成が近づいた頃から国内の景気は悪化。1929年（昭和4年）の世界恐慌から続く不況により新築着工は減り、住友合資会社は1933年、工作部の廃止を決めた。

会社の決定は、工作部を廃止して人員を整理し、元の「営繕課」に戻すことであったが、

※5

住友家須磨別邸

1903年、神戸市。野口孫市（住友本店臨時建築部）。外観はビクトリアン・コロニアル様式、内装には英国ルネサンス調の意匠が施された。皇太子時代の昭和天皇が宿所とされるなど、公的迎賓館の役割を果たした。第二次大戦で、名画コレクションとともに焼失

※6

住友ビルディング

第1期1926年、第2期1930年。設計：住友合資会社工作部。長谷部鋭吉が設計の中心になった。北・西・東の三方では、イオニア式の柱を両脇に配した彫りの深いエントランスを置き、外壁には竜山石とイタリア産トラバーチンを使用した擬石を用いた。古典と現代、西洋と東洋を融合する意匠。現在は「三井住友銀行大阪本店」

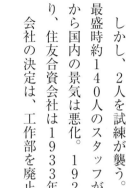

長谷部と竹腰は部員の離散を見るのが忍びなく、自らも住友を離れて建築設計事務所を設立することを決断した。

1933年（昭和8年）、「長谷部・竹腰建築事務所」が発足。竹腰によると、当時、「日本唯一の株式会社の建築事務所」であったという。長谷部らと行動を共にしたのは27人だった。

「大阪株式取引所」が顧客を広げる

住友系であるのに、住友以外の設計も幅広く行う設計事務所――。現在も続く大きな優位性は、ここが分岐点だったといえる。

工作部の廃止が決まる少し前、工作部では大阪株式取引所の新築の相談を受けていた。これに対し、市中の設計事務所から「住友の工作部が住友以外の仕事をすることは市中の同業を圧迫し、道義的でない」という抗議が寄せられた。いったんは工作部で設計が始まっていたが、長谷部・竹腰建築事務所の発足が決まったため、この仕事は同事務所に引き継がれた。

長谷部・竹腰建築事務所にとって初仕事となった**大阪株式取引所**[※7]（現・大阪証券取引所）は1935年（昭和10年）に完成した。

発足間もない設計事務所がこの建物を完成させた意義は大きかった。手形交換所は資本主義経済の象徴であったからだ。それもあって、東京手形交換所の指名コンペ（設計競技）に参加することができ、このコンペにも当選。**東京手形交換所**[※8]は1937年、日本銀行の南隣に完成した（建物は現存せず）。短期間に東西の〝資本主義のシンボル〟を手掛けたことで、経済人からの評価は高まった。

東京手形交換所では、もう一つの〝収穫〟があった。その工事を進めるにあたって、隣地の日本銀行としばしば調整が必要となり、そのことが縁で、日本銀行の技師であった尾崎久助が1938年、長谷部・竹腰建築事務所に入所する。今でいえばヘッドハンティングだ。尾崎は戦後、日建設計工務の初代社長として、今日の発展の礎を築くことになる。

戦時下にも工場需要で拡大

東京手形交換所が完成した1937年（昭和12年）に日中戦争が勃発。1940年には日独伊三国軍事同盟が締結されるなど戦禍は広がっていく。しかし、戦時下も、長谷部・竹腰建

※7
大阪証券取引所
（旧称：大阪株式取引所）

1935年、大阪。設計：長谷部・竹腰建築事務所。楕円形のエントランスホールの内外観が印象的な建物だが、竹腰健造が力を注いだのはむしろ機能面だったという。場立ち2000人を収容する冷暖房完備の大空間。ひな壇状の電話席で鳴り響く500台の喧騒音を吸収しながら、高場からの拍子木の音を通りやすくするよう音響設計が工夫された。2004年、インテリアの一部を保存活用して、超高層ビルに建て替えた（設計は三菱地所設計との共同）

※8
東京手形交換所

1937年、東京。設計：長谷部・竹腰建築事務所。敷地は日本銀行の隣地で、日銀技師だった尾崎久助を引き抜くきっかけとなったプロジェクト

築事務所の仕事は減るどころか、拡大した。

追い風となったのは「工場」の需要だ。1939年の満州住友鋼管奉天工場の完成を皮切りに、1943年には朝鮮住友軽金属元山工場、1944年には満州安東軽金属が着工。事務所の活動範囲は朝鮮半島、満州、上海と広がり、最盛期の1943年には300人近い所員を擁した。

しかし、長谷部・竹腰建築事務所はその最盛期のさなかに幕を閉じる。住友本社は日本政府の企業合併促進の要請を受け、1944年（昭和19年）12月、系列の建設・不動産関係の会社と住友本社不動産課を統合して「住友土地工務」を設立。長谷部・竹腰建築事務所もその中に統合され、竹腰は住友土地工務の専務、長谷部は取締役となった。終戦の半年前だ。そして1945年8月、日本は終戦を迎える。

「日本建設産業」から「日建設計工務」に

終戦後、GHQ（連合国軍最高司令官総司令部）により財閥解体が進められた。住友土地工務は社名から「住友」を外すことを決断。1945年（昭和20年）11月に「日本建設産業」と社名を改め、事業目的に「商事」の項を加えて再スタートした。竹腰が社長となり、取締役に長谷部、建築部長に尾崎が就いた。新しい社名の「日本建設産業」は、「終戦直後の国土の荒廃の中から新しい日本を建設する」という理想から名付けられた。

すでにお気付きかと思うが、「日本建設産業」の頭の部分の略称が今の「日建（NIKKEN）」である。

日本建設産業として再スタートするにあたり、商事部門を加えることを提案したのは竹腰だった。竹腰の読みは当たり、商事部門は急速に業績を伸ばした。しかし、建築の需要は戦後すぐには回復せず、しばらくは大きな仕事がなかった。社内で性格の異なる二部門が併存することの可否が論じられるようになり、「分離することがお互いのため」という結論に至った。

会社設立から5年後の**1950年（昭和25年）7月、日本建設産業の建築土木部門を切り離す形で「日建設計工務」が誕生**する。新会社の社長には日銀出身の尾崎久助が就任した。社員は本店（大阪事務所）が60人、東京事務所が14人、名古屋事務所が18人。顧問として長谷部

昭和25年7月、「日建設計工務」誕生。くしくも、数日前に朝鮮戦争が勃発。

が迎えられ、社員の指導に当たった。

母体となっていた設計部門が出ていくというのは、彼らも不本意だったに違いない。だが、結果的にはこれによって事務所の中立性が明示され、後の発展につながったともいえる。

竹腰は自ら会社を去る

竹腰はどうなったのか。実は竹腰は、ＧＨＱの公職追放令が自身に及ぶと考え、１９４７年に日本建設産業を去っていた。終戦前のわずかな期間、住友土地工務の要職を務めた経歴が公職追放令に該当するとみなされたのだ。竹腰は戦後、双星社竹腰建築事務所（現・双星設計）で活動した。

そして日本建設産業に残った商事部門は、１９５２年に「住友商事」となる。竹腰の跡を継ぎ、日本建設産業の第２代社長となったのは元住友金属工業取締役の田路舜哉《とうじしゅんや》。「ケンカ田路」とも呼ばれた田路が住友商事でも初代社長となり、住友商事を急拡大させた。田路の名前を知っている人は多いと思うが、その布石を打ったのは建築畑の竹腰健造なのである。

１００人弱から10年間で５００人超に

日建設計工務の話に戻ろう。１９５０年に新たなスタートを切った同社は、毎年スタッフを採用し、発足時には１００人を切っていた社員数が10年後には５００人を超える。こちらも急拡大だ。

追い風となったのは、再び起こった戦争だった。「朝鮮戦争」である。くしくも日建設計工務設立の数日前、1950年（昭和25年）6月25日に朝鮮戦争が勃発。長谷部・竹腰建築事務所時代からのスタッフは、大戦下の経験から軍需関連施設や工場などに精通していたため、1952年に駐留米軍の日本建設本部（JCA）と契約を結び、関西方面の米軍施設の設計を一手に手掛けた。他方では朝鮮戦争によって日本国内に特需景気が起こり、戦災で焼失した建物の復興が本格化していった。

1950年代後半（昭和30年代前半）には日建設計工務の技術力を広く知らしめるいくつかのプロジェクトが完成する。その一つが1958年（昭和33年）12月23日に開業した「**東京タワー**[※9]」だ。

※9

東京タワー（日本電波塔）

1958年、東京。設計：日建設計工務（構造設計指導：内藤多仲）、施工：竹中工務店。S造。高さ333m、竣工時世界最高高さの自立鉄塔。コンピューター時代の以前のため、計算はすべて計算尺で行った。風速計、地震計などが設置され、これらはその後の高層建築設計に貴重な資料を与えた

東京タワーの正式名称は「日本電波塔」である。NHKテレビ実験局が日本で最初のテレビ用電波を発信したのが1953年2月。それからわずか数年のうちに、テレビは全国の津々浦々に普及した。東京タワーの建設前、放送事業者はそれぞれ自前の電波塔から電波を送出していたが、アンテナの指向性や景観の乱れなどが問題となっていた。そこで、電波塔を一元化する計画が立ち上がり、1957年に日本電波塔株式会社が設立された。

日建設計工務は、日本の鉄塔設計の権威である内藤多仲《たちゅう》（早稲田大学教授）の設計指導の下、この施設の基本設計と実施設計を担当することになった。

エッフェル塔の約半分の鉄骨量

この大役を担う前提として、同じ内藤多仲とのコンビで臨んだ「名古屋テレビ塔」があった。日本初の電波塔である名古屋テレビ塔は1954年（昭和29年）に完成。高さ180mで、当時は日本一の高さだった。このときは「設計：内藤多仲、監理：日建設計工務」という役割だったが、その数年後に建設が決まった東京タワーでは設計者へと昇格した。日建設計工務で東京タワーの設計の中心になったのは、構造設計者の鏡才吉だった。

東京タワーは半径100km圏に電波を送るために、高さがエッフェル塔（1889年完成）の315mを超える333mと設定された。また、「都市につくる高い塔は、それだけで観光施設のひとつになる」との考えから、展望台によって多くの人の目を楽しませ、塔自体も都市美を形成するものが求められた。

東京タワーのシルエットはエッフェル塔によく似ている。だが、決定的な違いがある。部材の「細さ」だ。終戦から10年あまりの厳しい経済状態を鑑み、風や地震に対して十分な安全を確保しつつも、設計者は合理性を追求した。その結果、**鋼材使用量はエッフェル塔の７３００トンに対し、東京タワーでは約４０００トン**となった。実に45%減である。

当時は構造計算にコンピューターが使えず、計算尺の時代だったが、この計算の驚異的な正確さは、コンピューターですでに検証されている。

製鉄各社の「転炉工場」を立て続けに設計

日建設計工務の技術力を知らしめたもう一つのプロジェクトが、１９５９年に完成した

エッフェル塔約７３００トンに対し、東京タワーは約４０００トン。

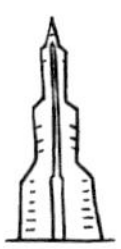

「**八幡製鐵所（現・日本製鉄）戸畑転炉工場**」[※10]だ。東京タワーに比べると地味ではあるが、これを手掛けた後、日建設計工務は国内の製鉄会社各社の転炉工場のほとんどを受注することになる。

転炉とは、高炉からの溶銑《ようせん》を溶鋼に精錬する製鋼炉のことで、この工程で炭素やリンなど不純物を銑鉄から除去する。樽《たる》や洋ナシのような形状をした転炉に銑鉄と鉄スクラップを入れ、炉内に高圧で酸素を吹き込むことで、酸化反応を引き起こし、不純物を除去する流れだ。不純物の含有量の少なさは鋼材の強度などを左右する。

「八幡製鐵所戸畑転炉工場」（１９５９年）の後、「富士製鐵室蘭製鉄所転炉工場」（１９６３年）、「神戸製鋼所灘浜製鉄所鉄鋼工場」（１９６３年）、「八幡製鐵所堺製鉄所転炉工場」（１９６５年）、「住友金属工業和歌山製鉄所転炉工場」（１９６５年）、「日本鋼管福山製鉄所転炉工場」（１９６５年）、「川崎製鉄水島製鉄所転炉工場」（１９７０年）、「新日本製鐵所君津製鉄所転炉工場」（１９７０年）、「住友金属工業鹿島製鉄所第一製鋼工場」（１９７０年）、「神戸製鋼所加古川製鉄所製鋼工場」（１９７０年）、「日本鋼管福山製鉄所第2連鋳工場」（１９７１年）、「新日本製鐵所君津製鉄所第1転炉連鋳工場」（１９７１年）、「新日本製鐵所君津製鉄所第2転炉工場」（１９７１年）、「新日本製鐵大分製鉄所第1製鋼工場」（１９７１年）……と、10年ほどの間に国内の主要な転炉工場を立て続けに設計した（70年以降は日建設計に社名変更）。

戦時下の工場施設の設計経験から、大空間を合理的につくることにはノウハウがあった。

それに加え、これらの転炉工場では別の経験を積むことができた。先に挙げた工場はいずれも高さが60mを超える。つまり、超高層ビルに匹敵する高層建築なのだ。

そこで用いられる極厚鋼板の溶接性、大型部材の建て方や接合法などの技術は、タワー（電波塔）の技術とともに、その後の超高層建築に取り組む基本技術を養う絶好の場となった。ちなみに東京タワーの中心になった鏡才吉も、その後、製鉄所の設計を数多く手掛けている。

超高層ビルも相次ぎ実現

〝国内初の超高層ビル〟の座は1968年完成の「霞が関ビルディング」（地上36階建て、設計：三井不動産、山下寿郎設計事務所）に譲る形となったが、翌1969年には日建設計工務の設計による「**神戸商工貿易センター**[※11]」（地上26階建て）が完成。続いて1970年には、東京・

※10

八幡製鐵所戸畑転炉工場
（現・日本製鉄）

1959年。北九州市。設計：日建設計工務、施工：大林組。S造。地上7階。延べ面積2万1080㎡。日建設計工務が最初に設計した転炉工場で、国内でも最初期のもの

※11

神戸商工貿易センター

1969年。設計：日建設計工務、施工：鹿島建設。SRC造、S造。地下2階、地上26階。軒高107m。延べ面積5万368㎡。日建設計工務が手掛けた超高層ビルの第1号。配置上、道路に対し高層建屋の一辺を45度に傾けて置き、印象的な見え方とした

浜松町に「**世界貿易センタービル**※12」（地上40階建て、武藤研究室との共同設計）が完成した。同ビルは高さ163m。完成時点では霞が関ビルディングの高さ147mを抜いて日本最高のビルとなった。

1950年代、60年代と日建設計工務の拡大は続き、60年代末には1000人規模の大規模設計事務所となる。

三愛ドリームセンターでデザイン復権

設立から10年間の日建設計工務に対する評価は、明らかに「技術」寄りだったといえる。出発点となる住友本店臨時建築部から工作部の時代は、どちらかといえばデザイン性が高く評価されていたが、戦中と戦後の復興期には、エンジニアリングのニーズが勝っていた。

しかし、戦後の10年間で、日建設計工務の新たなデザインを担う2人の逸材が育った。日建設計工務設立から1年後の1951年4月、新入社員1期生として薬袋《みない》公明ほか計8人が入社。2年後には林昌二らが入社する。薬袋は早稲田大学建築学科出身、林は東京工業大学建築学科出身だ。

建築メディアの注目を先に集めたのは、後輩の林だった。東京事務所に所属する林が中心となって1963年に完成した「**三愛ドリームセンター**※13」である。透明なガラスで覆われた円筒形の商業施設だ。

円の中央に立つ鉄骨鉄筋コンクリート造のコア（構造骨組みの中核となる部分）から外側に向けてドーナツ盤のようにコンクリートの床を張り出し、その先端がたわまないようにするために、外周に巻いた鋼線で圧縮力を加えている。日建設計工務らしい技術力に裏打ちされた建物だが、透明感にあふれた外観は誰が見ても分かりやすく、記憶に残る。今も銀座のランドマークとして親しまれるこのビルが、60年近く前につくられたものであるとは思えない。

薬袋・林に建築メディアが注目

1966年には、再び建築メディアの目が日建設計工務に集まる。この年、大阪事務所の薬袋が中心となって「百十四ビル」が、東京事務所の林が中心となって「パレスサイド・ビルディング」が完成する。

※12
世界貿易センタービル
1970年、東京。設計：日建設計工務（構造設計：武藤構造力学研究所）、施工：鹿島建設。SRC造、地下3階、地上40階。軒高125m。竣工時点で日本最高高さを誇った

※13
三愛ドリームセンター
1963年、東京。設計：日建設計工務。施工：竹中工務店。円筒形コアの周囲に、工場で製作されたドーナツ型のPSコンクリート床版が、上から順にリフトアップされた

「**百十四ビル**[※14]」の敷地は高松市の中心部。高松港から栗林《りつりん》公園へと延びる中央通りに面して立つ。地上16階建て、軒高54m。竣工当時、西日本で最も高いビルだった。

高さ以上にデザインが衝撃的だった。それまでも多くの銀行建築を手掛けてきた日建設計工務だが、このビルはそれらとはデザインの方向性が違う。本館の高層部は南北に大きな開口を取り、東西面を壁とした。銀行であれば外壁は石張りが常套手段だが、ここでは銅（ブロンズ）の板で覆った。薬袋は当時、「よごれを加えて美しさを増してゆく巨大な壁」を意図したと説明している。銅板張りの壁は半世紀たった今も銅板のままだ。設計者のもくろみ通りに、深みを増した緑青の色を見せている。

一方の林が中心になった「**パレスサイド・ビルディング**[※15]」は、皇居のお堀端に立つ延べ面積約12万m^2の大型複合建築だ。2階から上は毎日新聞社ほかが入るオフィスフロアで、1階と地下1階は飲食店が並ぶショッピングアーケード、その下の地下階はかつて毎日新聞の印刷工場だった（現在は別の印刷会社がテナントとして入居）。

それまでの大型オフィスビルでは「センターコア」が常識だった。コアというのは階段・エレベーター・機械室などを収めた構造的に核となる部分だ。ここではコアを建物の中心ではなく、敷地に合わせて端部に配置。それによって新しい大型オフィスプランを創出した。以後、日建設計が得意とするロングスパンオフィスの先駆けとなった。

二つの円筒形コアとともに外観を印象付けるのは長辺側の外装だ。大きなガラス面の外側に、アルミキャスト製の水平ルーバーが張り出し、それに交差してろうと状のパイプが付いている。パイプは雨水を落とす縦樋である。薬袋が時間の経過をデザインに取り入れたのに対し、林は天候をデザインに取り入れたともいえる。

長く続いた「西の薬袋、東の林」時代

大組織の中にあって強い個性が誕生した背景には、1962年に始まったプロジェクトマネージャー制があったと考えられる。建築主との対応の窓口となる「計画担当（計画部長）」を任命することで、プロジェクトの責任者を明らかにした。30代半ばでプロジェクトマネージャーに選ばれた薬袋と林は、その能力をいかんなく発揮。建築メディアから「西の薬袋、東の林」と並び称されるようになる。

※14
百十四ビル
1966年、高松市。設計：日建設計工務、施工：竹中工務店。地下2階、地上16階。百十四銀行本店の上層部を貸しビルとしたもの

※15
パレスサイド・ビルディング
1966年、東京。設計：日建設計工務、施工：竹中工務店・大林組JV。地下6階、地上9階。延べ面積11万9700㎡の大規模な複合建築

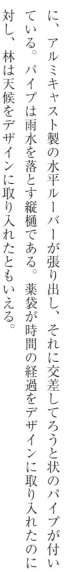

そして、創立20周年を迎えた1970年。日建設計工務は社名から「工務」を外し、日建設計となった。前身となる住友本店臨時建築部の発足（1900年）から70年目のことだ。

70年代から90年代半ばまでの四半世紀は、薬袋と林が日建設計を牽引したといってよいだろう。

薬袋が率いる大阪事務所は、金融関連の施設を数多く手掛け、一方で都市的スケールのプロジェクトを開拓した。

金融関連では、1章で触れた「三和銀行本店」（1973年）のほか、「十六銀行本店」（1977年）、「京都銀行協会会館」（1977年）などだ。都市的スケールのプロジェクトでは、大阪の新都心、「大阪ビジネスパーク（OBP）」のマスタープラン作成に関わり、その核となるツインタワー「**ツイン21**※16」（1986年）などを自ら中心となって設計した。

OBPは1969年に薬袋が竹中工務店や建築家の槇文彦と共同で提案した計画が基になっている。全体が形を成すまでに約20年を要したが、「民活（民間事業者の能力活用）」のモデルプロジェクトとして位置付けられた。その実現過程で薬袋は1983年、社長に就任している。

一方の林は商業施設から文化施設、オフィスまで幅広く設計した。「大阪万博リコー館」（1970年）、「ポーラ五反田ビル」（1971年）、「中野サンプラザ」（1973年）、「伊藤忠商事東京本社ビル」（1980年）、「新宿NSビル」（1982年）、「大正海上本社ビル（現・三井住友海上駿河台ビル）」（1984年）、「NECスーパータワー（日本電気本社ビル）」（1990年）、「文京シビックセンター」（1994年）などだ。

林は1980年に日建設計副社長となった。薬袋が1983年に社長に就任してから10年間、「薬袋社長、林副社長」の時代が続いた。

まだまだ有名建築がずらり

もちろん、林や薬袋の担当でないプロジェクトにも、誰もが知る建築が数多くある。例えば、1970年代～90年代には、こんなものが日建設計の設計で実現している。

※16

ツイン21

1986年、大阪。設計：日建設計。施工：大成建設、大林組、竹中工務店、鹿島建設、清水建設、熊谷組、奥村組、鴻池組、西松建設。大阪城の隣地、大阪砲兵工廠があった場所が「大阪ビジネスパーク（OBP）」として整備された。薬袋公明は社長になる前から、大阪には「キタ・ミナミ」に加え、「ヒガシ」の核が必要だと、大阪市などに提言していた。1976年にOBPの事業はスタート。1986年に完成したツイン21はその中核となったプロジェクトで、薬袋が自ら設計の中心になった。ツインタワーの間には自然光あふれるアトリウムがある

1972年　「NHKホール」

1974年　「新宿住友ビル」

1983年　「大阪城ホール」

1986年　「大阪市庁舎」

1988年　「ソニックシティ」

「**東京ドーム**[※17]」（竹中工務店との共同設計）

1989年　「福岡タワー」

1991年　「目黒雅叙園」

1992年　「新東京国際空港（成田空港）第2旅客ターミナルビル」（梓設計との共同設計）

「聖路加国際病院」

1994年　「関西国際空港 旅客ターミナルビル」（共同設計：レンゾピアノビルディングワークショップジャパン、パリ空港公団、日本空港コンサルタンツ）

1995年　「大阪ワールドトレードセンタービルディング」

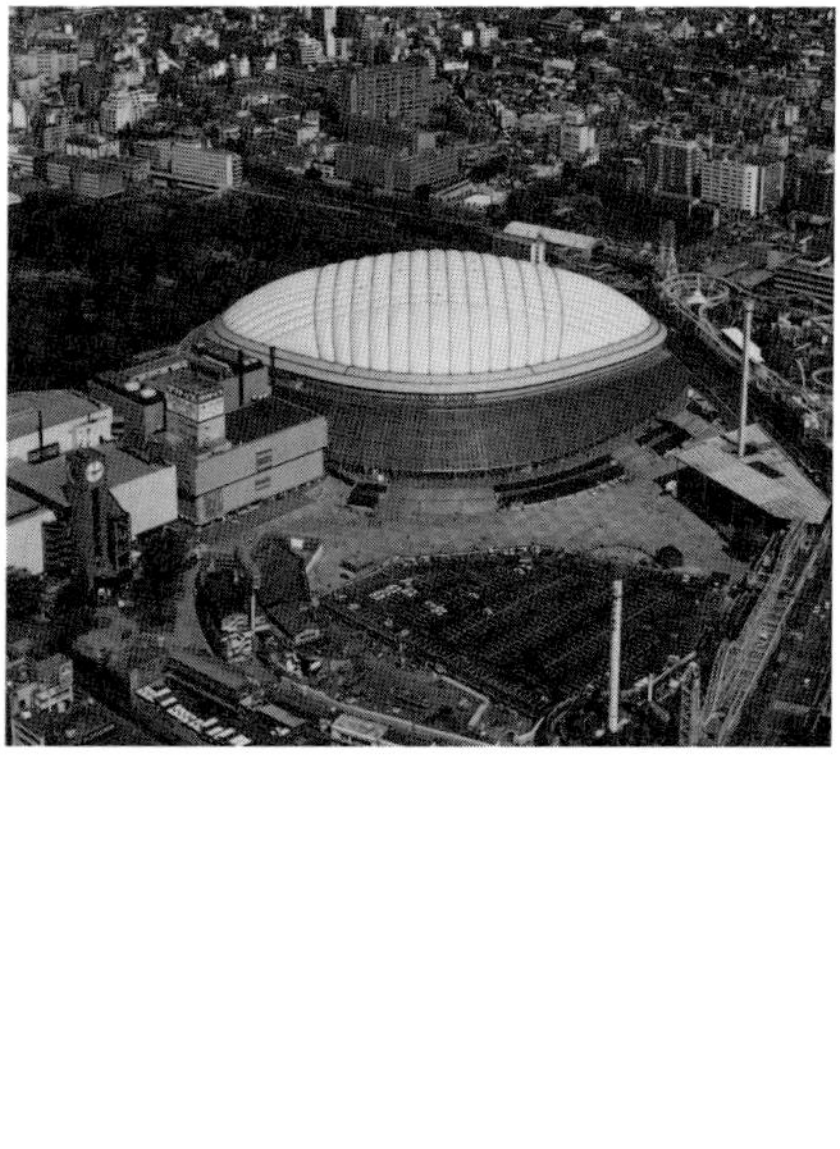

※17
東京ドーム
1988年、東京。設計：日建設計、竹中工務店。施工：竹中工務店。旧後楽園球場の老朽化に伴い計画された。架構方式は鉄骨トラスシェル、大型スペースフレームなどさまざま検討されたが、最終的に東京ドーム社長の「内観がスポーツ観戦に最適」との判断で「エアドーム」に決定。当時、ガイバーガー社と空気膜構造の技術提携を結んでいた竹中工務店と共同設計室を構成。エアドームで先行する北米に比べ、2倍程度の風荷重を想定して設計した

1996年 「**スーパーカミオカンデ**※18」
1997年 「クイーンズスクエア横浜」（三菱地所〔現三菱地所設計〕との共同開発）
2000年 「さいたまスーパーアリーナ」（設計：MAS・2000設計室／代表：日建設計）
「中国銀行上海ビル」（上海、上海建築設計研究院との共同設計）

続いて21世紀に入って以降も、ざっと見てみよう。

2001年 「晴海アイランドトリトンスクエア」
2002年 「泉ガーデン」
2004年 「中部国際空港旅客ターミナルビル」（梓設計・HOK・アラップとの共同設計）

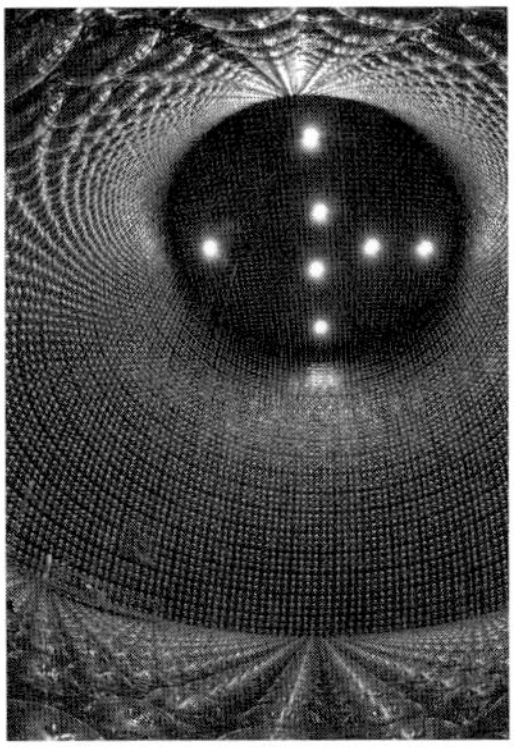

※18
スーパーカミオカンデ
1996年　岐阜県。設計：日建設計。施工：三井金属鉱業。神岡鉱山の内部、地下1000mにつくられた世界最大のニュートリノ観測装置。正式名は、「大型水チェレンコフ宇宙素粒子観測装置」。この施設を使った観測により、1998年、ニュートリノに質量があることが明らかになった

「大阪証券取引所ビル」（三菱地所設計との共同設計）

2005年 「京都迎賓館」

2007年 「東京ミッドタウン」（Skidmore, Owings & Merrill LLP, 青木淳建築計画事務所、坂倉建築研究所、隈研吾建築都市設計事務所、Communication Arts, Inc., 安藤忠雄建築研究所との共同設計）

2008年 **「モード学園スパイラルタワーズ」**※19

2012年 **「東京スカイツリー」**※20

「渋谷ヒカリエ」（東急設計コンサルタントとの共同設計）

2013年 「グランフロント大阪」（三菱地所設計、NTTファシリティーズ、竹中工務店、大林組、安藤忠雄建築研究所との共同設計）

「東京駅グランルーフ」（ジェイアール東日本建築設計事務所との共同設計、デザインアーキテクトはヘルムート・ヤーン）

2016年 「豊洲市場」

「蘇州現代メディアプラザ」（中国蘇州、中衡設計集団有限公司との共同設計）

2017年 中之島フェスティバルタワー

2019年 「渋谷スクランブルスクエア第Ⅰ期（東棟）」（隈研吾建築都市設計事務所との共同設計）

2020年

「**有明体操競技場**」※21（清水建設との共同設計）
「新宿住友ビル・三角広場」（大成建設との共同設計）
「MIYASHITA PARK」（竹中工務店との共同設計）

1990年代に入ると、ともに1981年入社の川島克也（現副社長）や亀井忠夫（現会長）が頭角を現す。さらに、21世紀に入ってからは、山梨知彦や大谷弘明（ともに1986年入社）、中国プロジェクトを統括する陸鐘驍《ろうつぉんしょう》（1994年入社）らが新たな顔となり、日建設計の新しい時代を切り開いていく。

日建設計の120年の歴史をざっくり振り返ったところで、そろそろデザイン戦略の話に戻ろう。

※19
モード学園スパイラルタワーズ
2008年、名古屋市。設計：日建設計。施工：大林組。名古屋駅前に立つスパイラル状の超高層ビル。3つの専門学校を集約する校舎

※20
東京スカイツリー
2012年、東京。設計：日建設計。施工：大林組。高さ634m。中央部の心柱（しんばしら）がおもりとして働く「心柱制振」を採用

※ 21

有明体操競技場

2019年、東京。設計：日建設計（基本設計・実施設計監修）、清水建設（実施設計）、斎藤公男・日本大学名誉教授（実施設計技術指導）。施工：清水建設。屋根架構に国産カラマツの湾曲集成材を使用。木造梁のスパンは約90mに及び、木造梁としては世界最大級。2020東京オリンピック・パラリンピックのためにつくられ、閉幕後は東京都が展示場として活用する

3
章

デザイン会議発足、あえて「耳に痛い」外の声を聞く

後にデザイン会議のメンバーに加わることになる大阪事務所の喜多主税（設計部門ダイレクター）は、2019年の暮れ、先輩であり憧れでもある2人の顔を思い浮かべてこう思った。「最も縛られることが嫌いな2人が、戦略を決めるリーダーに選ばれた」

同じように思った社員は多かったかもしれない。2人というのは、言うまでもなく、CDO（チーフデザインオフィサー）に任命された山梨知彦と大谷弘明だ。

大谷はこう振り返る。「山梨さんと2人でデザイン戦略〇箇条みたいなものをつくったとしても、誰も納得せずに終わるに決まっている。その確信はあった。なぜなら、自分が若い頃に、上の人たちが〇箇条をつくって発布したとしても、2人とも絶対に受け入れない。**人が決めたルールを押し付けられるほど嫌なものはない。そんなのは死んでも嫌だ**（笑）」

山梨はこう思った。「亀井社長（現会長）に『本当に戦略なんですか？』と聞き返したくらい、最初は抵抗感があった。大変なものを受け取ってしまった、と。大谷さんとも、デザインを高めるのは分かるけれど、戦争じゃないんだから、少なくとも『戦略』ではない、つくるならば『道しるべ』みたいなものだろうか、と話した」

デザインを語らない伝統

ただ、2人とも、デザインについて議論する必要があることは強く感じていた。根底にあったのは、「デザインに触れようとしない」日建設計の伝統への違和感だ。大谷はこう言う。

「仲間同士でも会議の場でも、デザインの話をしない。エンジニアリングや解決策として語る。それは入社したときから不思議だったし、気持ち悪さを感じていた。青臭いことを言っているのが恥ずかしい、という感じがあるのかもしれない。だけど、建築というのは、社会に感動を与えないと存在意義がない。クライアントの要望を解いただけの紋切型のオフィスビルは、自分には耐えられない。必ず突破すべき〝空間としての課題〟があって、そこを突破しなければ建築とは言えない」

山梨はこう言う。「伝統的にデザインの話をしないのは、議論のテーマにしない方がそこに踏み込まれないから。デザインを語らなくてどうするんだ、という思いはずっとあった。本当はエンジニアリングの先にデザインがあるはずなのに」

実は山梨は、それまでも亀井からしばしばこんな話を聞かされていた。「最近、デザイン

ルールを押し付けられるほど
嫌なものはない。
そんなのは死んでも嫌だ。（大谷）

がピリッとしない。〝多様性〟は分かるけれど、そこに日建らしい何かが感じられないのは果たしていいことなのか」。それには山梨も共感していた。

「一方で、若手からは、日建設計として目指すデザインの方向性が分からないという声も聞いていた。**そろそろ会社としてデザインについて真剣に考えなければいけない時期だということは感じていた。**それを自分がやるということにはかなり抵抗感があったが」と山梨は笑う。

大組織とは思えない「縛られ嫌い」たち

山梨も、大谷も、「日建設計は大組織とは思えない、縛られ嫌いの集まりだ」と口をそろえる。そんな集団に向かって、2人だけで戦略を立てて発表するという選択はあり得ない。どうやって、この議論を進めるか。

まずは、戦略の立て方を議論する「デザイン会議」を設けることにした。2020年1月27日、第1回の会議が日建設計東京本店の会議室で開かれた。

集められたのは下記のメンバーだ。（入社年順、肩書は2021年7月現在）

●向野聡彦（フェロー役員エンジニアリングフェロー、1987年入社）

●杉浦盛基（執行役員エンジニアリング部門 構造設計グループプリンシパル、1991年入社）

●関根雅文（エンジニアリング部門設備設計グループシニアダイレクター、1991年入社）
●奥森清喜（取締役常務執行役員都市部門統括、1992年入社）
●水出喜太郎（執行役員エンジニアリング部門 設備設計グループプリンシパル、1994年入社）
●田坂雅則（設計部門統括室室長／新領域開拓部門統括室室長、1994年入社）

設計部門だけでなく、構造・設備などのエンジニアリング部門、都市部門からも人を選んだ。

後に、以下の4人も会議メンバーに加わった。

●勝矢武之（設計部門／新領域開拓部門 NADダイレクター、2000年入社）

会社としてデザインについて真剣に考えなければいけない時期だとは感じていた。（山梨）

●喜多主税（設計部門ダイレクター、1992年入社）
●丁炳均（グローバルデザイン部門設計グループダイレクター、2004年入社）
●矢野雅規（設計部門ダイレクター、2006年入社）

「戦略」ではなく「ビジョン」から

山梨と大谷は、創設120周年となる2020年の年内にデザイン戦略をまとめることを想定し、このメンバーで月に2回程度の頻度で会議を設定した。この議論に最短でも1年かける、ということに2人のただならぬ覚悟を感じる。筆者はこの会議と社内での議論の様子を、約1年にわたり傍聴した。

2人は「戦略」という言葉に会議メンバーが拒否反応を示すと考え、「デザインビジョン」という言葉で議論をスタートした。それでも最初の数回の会議は、話が一向に進まない。こんな感じだ。

「確かに、日建設計のデザインの評価軸、評価基準が見えない、といった声が若手社員などから聞こえる」

「会社の規模が大きくなり、日建設計としてまとまるためには、明文化された明確な旗印が必要かもしれない」

「一方で多様性の時代。デザインの幅をビジョンや評価基準で縛ってしまってよいのか」

「デザインに関心が高い社員は、ほうっておいても大丈夫。デザインビジョンは底上げのために必要なのではないか」

「底上げの方針を『ビジョン』と誇らしげに掲げるのはいかがなものか」

「デザインの枠をもっと広げて『広義のデザイン』に対するものと捉えれば、広く普遍的なビジョンが描けるかもしれない」

「広義のデザインビジョンでは禅問答のようで、あいまいになりかねない。日建というものづくりの会社には『狭義のデザイン』のビジョンが必要では？」

「広義のデザインビジョンと狭義のデザインビジョンを両方設定したらどうか」

「何のためにデザインビジョンをつくるのか、必要なのかを共有する方が先では」

……と、確かに「縛られ嫌いの集団」と2人が言うのが分かる。堂々巡りにも見えた数回

底上げの方針を『デザインビジョン』と誇らしげに掲げるのはいかがなものか。

の会議の中で、ようやく導き出された方向性が日建設計らしい。

「我々が議論したものを押し付けるのではなく、**全社員の議論の中からデザインビジョンは紡ぎ出されるべきだ**」

コロナが全員参加を後押し

5回目（3月下旬）以降の会議は、どうやって「全員で議論するか」に論点が移った。

筆者はかつて社員数約1000人の出版社に勤めていたが、その経験からすると、2000人規模の組織で「全員の議論によってデザインビジョンを定める」という発想は理解を超えている。「全員で」とはいっても、草案を用意し、皆に承認を取る、というやり方になるものと思っていた。だが、本気で全員から意見を吸い上げる方向へと向かっていく。「議論の進め方」の議論は数回続き、その2カ月ほどの間に社会に大きな変化が起こった。新型コロナウイルス感染症（COVID-19）の拡大だ。

2020年2月下旬ごろから国内の感染者が増加し始め、2020年4月7日、東京、神奈川、埼玉、千葉、大阪、兵庫、福岡の7都府県に緊急事態宣言が発令される。「テレワーク」や「リモート会議」が世の中に急速に浸透し、このデザイン会議もリモートに移行した。

テレワークが常態化すると、どの社員も必然的にイントラネット（社内ネットワーク）にアクセスする機会が増える。ならばデザインビジョンについてもイントラネットを利用して全体で議論するのがいい、という方向になった。

ビジョンを3層構成に

イントラネットの掲示板機能を使って、「日建デザインひろば」を設けることが決まった。一方で、「日建デザインひろば」に示すデザインビジョンのたたき台をどうするかの議論も熱を帯びていった。

日建デザインひろばで、ビジョンの具体例を示すと議論がそれに誘導される。それは避けたい。加えて、亀井会長（当時は社長）からは、「日建設計だけでなく、日建グループ全体から意見を求め、グループ全体のデザインビジョンとしてまとめたい」という意向が改めて念

全社員の議論の中から
デザインビジョンは紡ぎ出されるべき。

押しされた。

具体例を示すことなく、グループ社員全員が意見を言いたくなるような大枠をどう示すか。次第にこんな方向へと議論は集約された。

●ビジョンを3層構成にする

●最上位の「デザインビジョン」は日建グループ全体を貫き、長期において揺らぐことのない理念とする

●2層目の「デザインゴールズ」は、多様性を内包した、デザインで目指すべき具体的なゴールとする。5年をマイルストーンに**毎年見直し、軌道修正を図る**

●3層目の「デザインチャレンジ」は、プロジェクトごとに定める目標とする

つまり、より個々人に身近な「ゴールズ」や「チャレンジ」を挙げてもらい、そこから「ビジョン」を導こうと考えたわけだ。さらに議論を進めるなかで、「ビジョン」の設定は急がず、まずは「ゴールズ」や「チャレンジ」を定めようということになった。

社外インタビューで「ひろば」に誘導

全員を議論に引き込むための仕掛けづくりも進む。テレワークが当たり前になったからと

いって、イントラネット上のひろばに何もなく皆が意見を書き込むわけがない。デザイン会議ではこんな青図を描いた。

- 2020年5月にイントラネット上に「日建デザインひろば」を立ち上げる
- CDOの2人からグループ全社員宛にメールを出し、デザインビジョン（3層構成案）について思うことを書き込んでもらう
- 議論への関心を高めるために、複数人の社外インタビュー記事を掲載する
- 10月ごろに直接対話の場として「デザインイベント」を開催し、方向性が共有されていることを確認する
- 10月から11月上旬にかけて具体的なビジョンを取りまとめる

ビジョンを3層構成にする。2層目の「ゴールズ」は毎年、見直す。

あえて耳に痛い話を聞く

ここまで筆者は、オブザーバーとして会議を見ていたが、「日建デザインひろば」に掲載するためのインタビュアー（聞き手）と記事執筆を担当することになった。デザイン会議ではこんな議論があった。

「ビジョンを考えるならば、今、日建設計が外からどう見られているのかを知ることも重要だ」

「耳障りのいい話を聞いても議論のきっかけにはならない」

「耳に痛いことを言ってくれそうな人に話を聞こう」

社外インタビューに協力してもらったのは10人。どのインタビューも、そのまま雑誌に掲載できそうな刺激的な内容だった。このうち3人のインタビューを掲載する。

社外インタビュー❶

「容積」を離れ、建築を再び「総合芸術」に

齋藤精一氏

クリエイティブディレクター

パノラマティクス　主宰

（インタビュー時は、ライゾマティクス・アーキテクチャー。インタビューは2020年6月17日にオンラインで実施）

――齋藤さんは東京理科大学とコロンビア大学で建築を学ばれていますが、就職先として日建設計を考えたことはなかったのですか。

僕がニューヨークにいたときに911（アメリカ同時多発テロ事件、2001年）が起きまして、建築に嫌気がさして辞めてしまった1人です。だから日建設計に限らず、建築分野には全く就職を考えませんでした。

――日建設計に「デザイン戦略」の話で呼ばれる日が来ようとは、という感じですかね。

そうですね。建築をハス（斜め）から見ていて、いろいろ大変そうだなと（笑）。僕も4年

齋藤精一氏
クリエイティブディレクター
パノラマティクス　主宰

1975年 神奈川県生まれ、東京理科大学理工学部建築学科卒。建築デザインをコロンビア大学建築学科（MSAAD）で学び、2000年からニューヨークで活動を開始。Omnicom Group傘下のArnell Groupにてクリエイティブ職に携わり、2003年の越後妻有アートトリエンナーレでのアーティスト選出を機に帰国。フリーランスのクリエイターとして活躍後、2006年株式会社ライゾマティクス（現：株式会社アブストラクトエンジン）設立。2016年からRhizomatiks Architectureを主宰し、2020年組織変更によりPanoramatiksと改める。現在では行政や企業などの企画や実装アドバイザーも数多く行う

くらい前から、プロジェクションマッピングなんかで、建築の人からお呼びがかかるようになって。そこに首を突っ込んでいったら、だんだんと都市開発のような仕事も増えてきました。

――日建設計がデザイン戦略をつくると聞いて、どう思われましたか。

僕は、日建設計にはすでにデザイン戦略があるのかと思っていました。今回、周年でデザイン戦略をつくると聞いて、もしないならばそれはつくった方がいいと思いました。

データから分析する日建らしさ

――日建設計という会社をどうご覧になっていますか。

日建設計の構造が素晴らしいなと思っています。あっ、これは「構造設計」がということではなく、仕組みの方です。一つには日建設計総合研究所（NSRI）のような、データ分析の部門を持って、戦略を立ててやられていることですね。それと、デジタルデザインの取り組みも比較的早かった印象がある。そういうことを大きな設計組織のなかでも先駆けてやられているのはすごいなと思います。

それと、進行中のプロジェクトでいうと、「**カンプ・ノウ**※22」をやられているのが素晴らしい。日本人として誇らしいですよね。

設計に関わる研究所でいうと、森稔さん（森ビル初代社長、1934～2012年）がつくった森記念財団でもいろんな研究をされていますね。例えば六本木ヒルズをつくるときに、ブルース・マウ（カナダ人デザイナー、1959年〜）とつくった本（New Tokyo Life Style Think Zone）が手元にありますが、今読み返すと実によくできています。環境の話とか、エネルギーの話とか、災害の話とか。データから分析していくっていうことが、今の建築では命綱だと思うんですよ。そこをやっていないと感覚論でしか語れない。

――データから分析する日建設計らしさ、ということで頭に浮かぶのはどんなプロジェクトですか。

やっぱりTOD（公共交通指向型開発、104ページ参照）がくっついた都市開発は、日建さんらしいなと思います。

ただ、こうやって褒めてばかりいると山梨さんに怒られそうなので……（笑）。そろそろ

※22
新カンプ・ノウ計画

2025年完成予定、スペイン・バルセロナ。サッカーの聖地、カンプ・ノウの大規模なリノベーション。日建設計が2016年にコンペで当選。FCバルセロナは「ソシオ」と呼ばれる会員により運営されており、その民主性を、全周にわたって同じ形状の巨大な庇に覆われたコンコース・テラスで表現。外装をなくすことで、コンコースに立つ観客自身が都市の風景となるよう計画した。

思っていることを言いますと、これは日建さんが悪いのか、デベロッパーが悪いのか、都市コンサルが悪いのか、そこはなんとも言えないですが、「どこもかしこも同じになったな」という感じがしてなりません。金太郎飴現象ですね。

CADの産物みたいな**容積率パンパンの建物が増えた。**ほかのインタビューでも話したんですが、**建築ではなく、ほぼインテリア化している。**建物は覚えていない。インスタ映えするインテリアで記憶しているという感じです。

「新しい方程式」でイニシアチブを

昔はもっと建築の豊かさを感じたと思うんです。今は、木のルーバーを使ったり、反射率の違うガラスを使ったりしていても、都市要素としては全部一様に感じられるようになった。昔、雑多な街並みの中に、大きなビルが一つだけ立っている状況ではきれいに見えたかもしれないけれど、それがどんどん増えていって、漫画家が描く四角いビルの背景みたいになっている。

大きなビルが容積率という経済合理性だけでつくられている。僕が今少し関わっているプロジェクトでも、竣工が2030年なのに、これまでと全く同じ考え方でつくろうとしている。それを見ていると、大丈夫か?と思う。

僕は建築的なイニシアチブをもう少し取り返すようなことを、日建さんにはやってほしいと思います。

——日建設計ならば変えられると。

一つ思うのは日建さんの守備範囲の話です。僕もデベロッパーさんに呼ばれるようになって分かったのは、設計の人が入る前に、高さが135mで、上には何万平米のオフィスが入って、下には区役所が入って、バーターで容積もらって……とか、決まっているんですよね。勝負は外壁の厚さ15cmの間だけになっている。そういうプロジェクトが増えているんだと思う。

じゃあ、それを建てるときに、建築家の職能はどこにあるのか。もしかしたら、設計に入る前にビジネスモデルを考えることが仕事かもしれない。

——日建設計には今後どういう方向を期待しますか。

容積率パンパンの建物が増えた。
建築ではなく、
ほぼインテリア化している。（齋藤）

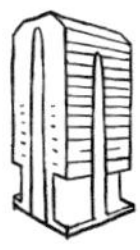

「世界の日建設計」を目指してほしいのはもちろんですが、日本って設計だけじゃなく、施工手法まで含めてすごいじゃないですか。世界でこれだけの技術を持っている国は絶対にないと思う。設計の思想と施工技術も含めて、素晴らしい建築を海外で建てる会社であってほしいなと思います。

――そのためには必要なことは。

海外に対してもやっぱり新しい方程式が必要だと思うんです。先ほど、建築がインテリア化しているという話をしましたが、もう一度、「総合芸術」に戻すということでしょうか。安全・安心があり、快適であり、エンターテインメントがあったり、新しい発見があったり。ＩＣＴや運営もしっかり機能している。そのためには、設計の思想や施工技術も最新のものでなければならない。

建築っていうのは常に「最新」でなければならないと思うんです。最新をつくるためには、自分が使うものも、働き方も、関わる手法も常に最新でなければならない。そうした中から、新しい方程式は生まれると思います。

社外インタビュー❷

「日建設計は」という問題設定自体が自意識過剰

宇野常寛氏

評論家／批評誌「PLANETS」編集長

（インタビューは2020年6月12日にオンラインで実施）

――宇野さんは都市の変化についてさまざまな批評をされていますが、「日建設計」の存在を知ったのはいつごろですか。

建築に興味を持ち始めたのは30歳を過ぎた頃です。僕はもともとサブカルチャーの専門家なのですが、意外と都市のことも聞かれます。当時は秋葉原がオタクの文化の中心地として定着して、その象徴として市民権を得ようとしていた時期だったと思います。その少し前に

宇野常寛（うのつねひろ）**氏**
評論家、批評誌「PLANETS」編集長

1978年生まれ。著書に『ゼロ年代の想像力』（早川書房）、『リトル・ピープルの時代』（幻冬舎）、『日本文化の論点』（筑摩書房）、『母性のディストピア』（集英社）、『遅いインターネット』（幻冬舎）、石破茂との対談『こんな日本をつくりたい』（太田出版）、『静かなる革命へのブループリント この国の未来をつくる7つの対話』（河出書房新社）など多数。立教大学社会学部兼任講師

は（建築学者の）森川嘉一郎さんも精力的に発言していたりして、サブカルチャー論の文脈で渋谷や秋葉原について見る言説が求められてもいました。並行して（建築家の）藤村龍至さんや門脇耕三さんのように、情報社会論を参照する建築家もちらほら現れ始めた頃です。

当時、サブカルチャーについて批評することは、同時にインターネットなど新しい情報産業について考えることでもあったので、僕の仕事の領域もだんだんとメディア論の方に広がっていきました。その流れに、都市を考える仕事もするようになっていって、震災の前後くらいから、都市や建築をテーマにしたイベントやシンポジウムに呼ばれるようになりました。

一方で、自分の雑誌（『ＰＬＡＮＥＴＳ』）の中では都市について定期的に特集を組んでいました。そうして建築関係の人たちと関わりを持つようになる中で、大手の設計事務所の代名詞として「日建設計」の名前を聞くようになっていきました。

――震災の頃までは全く知らなかった？

全く知らなかったですね。僕が不勉強なだけかもしれないですけれど。

それで、今日は山梨さんに「好きなことを言っていい」と言っていただいたので、いきなり言います。事前にインタビューの質問をいただいているじゃないですか。**率直な感想を言っていいですか。自意識過剰です。**

――（爆笑）

多少、建築に関心のある人でも、大手設計事務所というイメージがぼんやりある程度で、

「日建設計」という具体的な固有名詞に結び付けてものを考える人は、本当に建築業界の人だけだと思うんです。あるいはデベロッパーとか、仕事でそこに関わっている人たち。そんな中で、「日建設計は」という主語でものを語るという問題設定自体が、非常にローカルなものに閉じているように感じます。

これはけっこう重要なことだと思うんです。僕らも、デベロッパーを固有名詞で語ることは普通にやっているわけですよ。森ビルがまたあんなことをやっているとか、最近、東急があっち方面でノリノリだな、とか。これは三菱地所が好きなパターンだなとか。だけど、設計事務所を主語にしてそういう話をする場面は極端に少なくなる。

これは今の都市開発や大型建築において、設計事務所はすごく大きな役割を果たしているにもかかわらず、プレゼンスは圧倒的にデベロッパーに寄っているということを示している

率直な感想を言っていいですか。
自意識過剰です。（宇野）

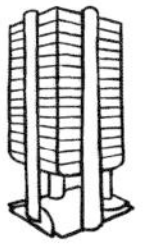

と思います。

巨大でもイメージの主導権はない

――宇野さんがご存じの日建設計のプロジェクトで、好きなものとか、気になるものはございますか。例えば、最近の**渋谷の再開発**[※23]には数多く日建設計が関わっていますが。

そう、それも依頼状にそういう質問があったので、あらかじめ考えておいて「これとこれです」と言うのは簡単だったんだけど、たぶん、そういうことじゃないんだろうと思いました。その質問を見たときに、「多くの再開発では、デベロッパーの存在は意識できても、日建設計の介在は感じられない」と答えるのが僕の仕事として正しいと思ったんですよ。ここで中途半端な〝接待トーク〟をするのは絶対に違う。

例えば、渋谷の再開発について僕がどう思うかというと、丘に対して、谷筋というそれぞれのデベロッパーの力学が前提にあって、近年、谷筋側がどんどん駅ビルを建てて、これまでのストリートを中心にしたものから、駅ビルから降りずに完結する街へと変えていこうということだと思います。日建設計は、そういう用途に耐え得る器をカッチリつくっている。そういうイメージを僕は持っています。けれども、そこに建築的な面白味を感じるかというと正直ピンとこないです。

新しいランドマークがどんどん建てられているのに、相変わらず人々はスクランブル交差点を渋谷の象徴だと思っている。僕の世代や少し上の世代は、いまだに渋谷と言えばセンター街とスペイン坂だというイメージが強い。渋谷のイメージをかたちづくるうえで、建築が主導権をとれていないと思います。

街の力学の変化は話題になるけれど、建物自体はほとんど話題にならない。建物自体に力点を置いた思考ができないわけです。

「ありそうなものがある」の先へ

――そういう建築を、日建設計という固有名詞と結び付けて語るのが「自意識過剰」だということですか。

僕はＢｔｏＢの企業が、固有名詞として「わが社は」ということにこだわるのは、問題設

※23
渋谷スクランブルスクエア第I期（東棟）

2019年、東京。設計：渋谷駅周辺整備計画JV（日建設計・東急設計コンサルタント・JR東日本建築設計・メトロ開発）、デザインアーキテクト：日建設計、隈研吾建築都市設計事務所、SANAA事務所。S造、RC造、SRC造。地下7階・地上47階。延べ面積：約18万1000m^2（全体完成時約27万6000m^2）。第I期は、日建設計が主に高層部、隈研吾建築都市設計事務所が低層部を担当。第II期（中央・西棟）はSANAAが担当。高さ約230mの屋上には360度のパノラマが広がる展望施設「SHIBUYA SKY（渋谷スカイ）」を備える。全体完成は2027年の予定

定としてそんなにいいことじゃないと思うんですよ。日建設計のような大手の設計事務所に、イメージ優先のブランド構築が本当に重要なのか、ということが僕にはちょっと分からないですね。

——「デザイン戦略をつくる」というこの議論自体がどうかと思うと?

正直、「あれ?」とは思いました。

——では、どうして今回のインタビューを引き受けてくださったのですか。

僕は都市の問題に興味があって、それはいろいろなものを包摂しているからなんです。政治の問題から文化の問題、人間の身体感の問題。いろんなものが包摂できるので、都市を切り口にものごとを考えるのが好きなんです。それでこの話も面白いかなと思い、お引き受けしました。

「デザイン戦略」の話ですが、街にとって幸福な開発をしているのか、と考えたときに、建築レベルでそれを実現できる企業があるんだということを一般に印象付けることには意味があると思います。

建物の影響力は相対的に高まっていくと思うんです。すでに高まっているといえるかもしれない。今はみんなスマートフォンを持っているので目的のところにすぐに行く。街をぶらぶらしなくなる。「街≒建物」になる。

そうなると、これまでデベロッパーが開発の主役だったのが、建築設計事務所が主役になるという問題設定はできると思う。そういうフィクションをつくることはできるし、フィクションから実態を生む可能性もゼロではない。

現状の渋谷の開発は、昔の渋谷が好きだった人たちからみると、「渋谷も観光客対応をがんばったな」という感じしかしない。立派なことかもしれないけれど、面白くはないですよね。そうしたところに建築的な介入で撹拌《かくはん》できるといいですよね。

「欲しいもの」が分かっている人に狙ったボールを投げるならインターネットでいいわけです。わざわざ渋谷に行って「ありそうなところにありそうなものがある」のではつまらない。意外な出会いが演出できないなら、実空間で勝負する必要はない。デベロッパーのディレクションも重要だけど、そこに建築的なレベルで介入できたら面白いと思います。

――都市を「意外な出会い」の場に変えていくとすると、そこには建築への期待もあるわけ

「欲しいもの」が分かっている人に狙ったボールを投げるならインターネットでいい。（宇野）

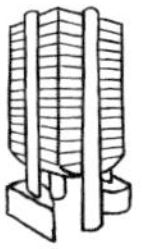

ですね？

複合的に攻めていくしかないと思うんですよ。都市開発的なアプローチの穴というか、補えない部分を建築のレベルで補うことが大事なのだと思います。

「世界」を目指してほしい

――また「自意識過剰」と言われるかもしれませんが、日建設計が目指すべき方向性についてどう思いますか。例えば「世界で通用するデザインファーム」を目指すということについては。

二つあって、一つには**やはり「世界」を目指してほしい**とは思います。

――否定されるかと思いました（笑）。

僕はナショナリストではありませんが、いろんな業界で「世界に通用するプレイヤー」が個人単位、組織単位でいると思っていて、そういうところがしっかりとグローバルな仕事をして世界に衝撃を与えていくことが、若い人の希望になっていくと思うんです。日本っていうのは普通に考えると1周遅れ2週遅れの国になってしまっている。政治的にも文化的にも。若い人から見ると、見劣りしていると思う。

若くて野心的な人たちが、日本の大企業にもいっぱい集まっていて、海外でいきいきと仕事をしている。そういう会社がいくつか日本にあるということが大事。それが一つ。

それともう一つは、大企業の人には必ず言っているんですけれど、大企業がベンチャーに金を出せ、と。硬直的な昭和の大企業には取れないようなリスクを、自分たちが金を出している小さい企業に取ってもらう。自分たちには思いつかないような柔軟な発想も、その出資先から採り入れればいい。それによって既存の大企業もアップデートしていく。

今の20代、30代はなんだかんだ言って、能力の高い人が大企業に集まっている。なんで集まったかというと、日本が挑戦できる環境じゃなかったから。本当は組織人なんかになりたくなかったのになってしまった人がたくさんいる。そういう人たちの才能を解き放つことが必要。そのためには、外部の血が必要なんです。

（後略）

日建設計にはやはり「世界」を目指してほしい。（宇野）

社外インタビュー❸

〝陰〟を発信、「NIKKEN入ってる」へ

林千晶氏
株式会社ロフトワーク取締役会長

（インタビューは2020年6月15日にオンラインで実施）

——林さんは日建設計とも仕事をされていますが、その前から日建設計は知っていましたか。

もちろん知っていました。20年前、ロフトワークを設立する際、「クリエイティブを流通させる」ことをミッションに掲げたのですが、ではクリエイティブの範囲はどこまでだろう？　と共同創業者の諏訪（光洋）と議論になりました。そして、やはりクリエイティブの一番上位は建築家だと。そのときから日建設計のことは知っていました。

——なぜ、建築家が上位だと。

ロフトワークが考えるクリエイティブというのは、生活者視点でいかに未来を面白くできるかを追求していくこと。1人の生活者としてどういう社会を未来に残すのか。生活者視点に立って設計し、つくったら何十年にもわたって残り、消すことができないのが建築です。

それで、クリエイティブコミュニティの最上位に建築家を置きました。私は建築分野では素人でしたが、なぜ日建設計に共感したかというと、プロジェクトマネジメントがしっかりしていて、プロフェッショナルだったからです。

「陰の日建設計」というイメージ

――実際に仕事をするようになってから、日建設計の特色だなと思うのはどんな点ですか。

いい意味で、「陰《かげ》の日建設計」です（笑）。でもプロフェッショナルな意味での「陰」であって、ネガティブな意味では決してありません。どのプロジェクトでも、裏の設計部分では日建設計がつかさどっている、というのが私の中でリスペクトしている日建設計のイメージです。

――
林千晶氏
株式会社ロフトワーク取締役会長

早稲田大学商学部、ボストン大学大学院ジャーナリズム学科卒。花王を経て、2000年にロフトワークを起業。Webデザイン、ビジネスデザイン、コミュニティデザイン、空間デザインなど、手掛けるプロジェクトは年間200件を超える。グローバルに展開するデジタルものづくりカフェ「FabCafe」、素材の新たな可能性を探求する「MTRL」、オンライン公募・審査でクリエイターとの共創を促進する「AWRD」などのコミュニティやプラットフォームを運営。また、クリエイターとのマスコラボレーションの基盤として、いち早くプロジェクトマネジメントの知識体系（PMBOK、ピンボック）を日本のクリエイティブ業界に導入した

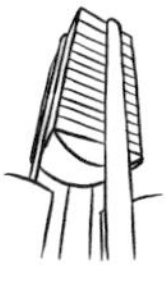

――「陰の」というのは、今後もそういう方向を目指した方がよいと？

はい、そうです。例えば、ファサードなどの意匠は、外部の建築家にも任せればいいと思うんです。でも、建築家がどんなに不可能に思える造形を考えても、それを実現するのは日建設計なくしてあり得ない、という存在であってほしい。（建築家の）隈研吾さんとか伊東豊雄さんの背後にはいつも日建設計がいるという、そんなイメージです。

――実際に、渋谷の再開発では、隈研吾さんと日建設計が組んでタワーを設計していますが、日建設計が関わっていることは相当詳しい人でないと知りません。そういう存在がむしろいいと？

それは、ちょっと違います。個別の建築家がもちろん表に立つとは思いますが、その建築家を束ねて、建築が本当に機能するように実装する、もう一つ深まったレイヤーは、日建設計がやっている。**これから日建設計が挑戦すべきは、そのレイヤーを「見える化」することではないでしょうか。**「Intel Inside」のように、日建設計がやっていることを見えるようにしていくことが、これから日建設計がやっていくべきことじゃないかと思うんです。

――皆が「NIKKEN入ってる」と共通認識として分かっている状態ですね。

そうですね。そのためには、建築家やクライアントを上位に捉えるのではなくて、パートナーとして対等にプロジェクトを実現していくことがますます重要になってきます。

ちなみにインテルの話に戻ると、日本のシステム開発業務は9割が受託開発といわれています。受託して、クライアントの要望に合わせてカスタマイズしてしまう。それに対し、米国のシステム開発会社のメインはパッケージ販売で、下手なカスタマイズはスピードを遅らせるだけなので受けない。クライアントと対等な立場で、責任をもってサービスを日々アップデートしていくので、利用企業ごとにカスタマイズなんかしない方がいい。まさに、インテルの発想と同じですよね。ところが日本のシステム開発会社はクライアントを上に置いてしまうので、クライアントのためにカスタマイズしてしまう。結果、その多くがアップデートされていない。

ですから、日建設計はグーグルとかインテルのような会社になるべきだと思うんです。そして、「日本」から「世界」の日建設計になっていく、それが私の勝手なイメージです（笑）。

これから挑戦すべきは、レイヤーを「見える化」すること。（林）

社内のクリエイティブには限界

――林さんの直感はかなり的を射ているように思います。確かに、日建設計が得意としている「TOD」(駅をからめた複合開発)は、すでに日建設計にしかできないような独自性があって、クライアントと対等な関係でやれるようなものかもしれません。

それはよかったです。日建設計がチーフデザインオフィサー(CDO)を置いて、どんどんクリエイティブになっていくというのは大賛成ですが、私だったらどういう未来を描くかというと、TODにしても、外観はどんどん外部のクリエイターに考えてもらったらいいと思うんです。どの企業もそうですが、**日建設計の中だけでクリエイティブであり続けるのは無理です**(笑)。

――無理ですか(笑)。

目指すのは「世界のNIKKEN」ですよね。世界中の突拍子もないアイデアをどんどん取り入れて、それを実現していく。独立した建築事務所は無数にあります。彼らが安心して建築パースを描き、建築物完成まで考えたときに、日建設計をパートナーとして選ぶ。突拍子のないアイデアも日建設計がパートナーになると実現してしまう。そういう世の中になるように考えていくのも、チーフデザインオフィサーの役割のひとつではないかと思います。

――日建設計の社内にも優秀なクリエイターがたくさんいますが、そういう人も外の人と組んで高めていった方がいい?

もちろん、必ず外部と組まなくてもいいとは思います。日建設計の中にも意匠を設計する方がいるわけですよね。依頼主が建築家的な発想のときに、依頼主と一緒に動いて形にしていくこともあるでしょうし、複雑な建築基準法などを乗り越えて、景観も含めて日建設計が一体開発をする場合もあるでしょう。

私の勝手な意見かもしれませんが、日建設計の真の価値は、意匠も含めて建築物が建つかどうかをつかさどる部分じゃないかと思っています。

ロフトワークを買収すればいい

――先ほど「クリエイティブの価値をクリエイティブじゃない人にどう伝えるか」という話がありましたが、「ＮＩＫＫＥＮ入ってる」の状態になるには、これまで見えなかった「陰

日建設計の中だけで
クリエイティブであり続けるのは
無理。（林）

のレイヤー」をどう伝えていけばいいと考えますか。

強みはすでにある。さらにそれを強めていく。伝える場所は、英語でグローバルに広めていくフィールドだと思います。

そういう意味では、世界で「FabCafe」を経営しているロフトワークを買えばいいんじゃないでしょうか（笑）。

――（爆笑）

ロフトワークは、クリエイティブな会社だと言われていますが、創業以来のポリシーとして、最終的なクリエイティブは社内でつくらないことにしています。例えばウェブサイトをつくるとき、ロフトワークは「なぜウェブサイトをつくるのか」という目的を問う。でも、例えばトップページのデザインはロフトワークではつくりません。サイトの目的や対象者を把握したうえで誰に頼むべきかを、ディレクターが考えるんです。

外部のクリエイターたちのアイデアを束ねたうえで、そのウェブサイトがどういう役割を持つのかを、クライアントに伝えるのが重要な私たちの仕事。

日建設計がロフトワークを買収すればいいと言ったのは、そういうやり方を建築の領域で実践しているから。外部の建築家を束ねているのが日建設計だというアピールにもなるからです。

これまでの事業領域を変える必要はないと思うんです。そうではなくて、これまで出していなかった部分を積極的に出していく。それが「世界のＮＩＫＫＥＮ」へと昇華する秘訣ではないかなと思います。

――どうすれば、外部に開いていけますか。

例えば日建設計のサイトを見ると、事例紹介の内容が手掛けた「建築物自体」がメインですよね。つまり、出来上がった写真がメイン。でもその建築物が設計されたときにどんな工夫がされたのかも知りたいし、逆に建物が建ったあとで、対象地域にどんな変化を生むことができたのかも伝えることもできるのではないでしょうか。

国立競技場※24のザハ（ザハ・ハディド）の話なんかはそうですね。みんな、ザハの表面的なデザインに目がいきがち。ザハのアイデアをどう実現していくか検討するなかでどんな可能性が生まれたのか。それを情報として出していくことで、日建設計と建築家は対等なんだとい

※24

国立競技場
（当時は「新国立競技場」）の当初案

日建設計は、2015年7月に「白紙」となった新国立競技場旧整備計画の設計チームの中心メンバーだった。ザハ・ハディド・アーキテクツは「デザイン監修者」として、日建設計・梓設計・日本設計・アラップ設計共同体とチームを組んで設計を進めていた。基本設計の前半はロンドンで進めた。山梨知彦は日本側のリーダー的役割だった

うことが、国内だけでなく海外の人にも伝わると思います。そういうレイヤーの情報をどんどん増やしていくことで、社会における日建設計の位置付けを変化させることができると思います。

また、そういう活動に、若い人たちを巻き込んで議論していく。それこそ、世界をフィールドに展開するといいのではないでしょうか。建築家になりたい、自分のアイデアを建築として実現したいという人は世界中にいるのですから。そういう人のアイデアをパートナーとして実現していくのが日建設計だという構図が出来上がっていくのではないでしょうか。

私だったら世界で注目されている建築家と毎月、Ｚｏｏｍでトークをしていきますね。1年12回、日建設計のどこが強みなのかがますます見えてくると思います（笑）。

持っている情報はどんどん公開して、「真似できるなら真似してごらん」というスタンス（でも、きっとＮＩＫＫＥＮのすごさを知ることになる）。そうなったら素敵じゃないですか？

これらのインタビュー記事は、「日建デザインひろば」が立ち上がると、週1本ペースで公開された。特に、宇野氏の「自意識過剰」というコメントは、「ひろば」に注目を集めるのに大きな効果があった。

4章

日建設計の七不思議、〝粘菌〟的アルゴリズム

「粘菌《ねんきん》」という生物をご存じだろうか。アメーバ状の粘菌は、神経組織を持たない原生生物でありながら、「迷路を最短ルートで解く」ことで知られる。

こんな実験だ。粘菌の中でも真正粘菌変形体と呼ばれるものを、迷路に閉じ込める。入り口と出口に餌を置く。最初は迷路全体に粘菌が広がるが、行き止まりの経路にある部分を衰退させ、やがて入り口と出口を結ぶ1本の経路に収束する。ひも状につながった粘菌の姿は、まさに迷路の最短ルートだ。

この現象が論文発表されたのは2000年のこと。日本の理化学研究所に所属する中垣俊之氏（現・北海道大学教授）らの研究チームの発見だった。

なんとも不思議な話である。この本でなぜ突然、粘菌の話をしているのかというと、筆者には日建設計という組織が「粘菌」に見えるからである。強い指揮系統がないのに、時代とともに形を変え、新たなニーズを見つけて徐々に拡大する。

粘菌は、前述のように脳や神経系がないので、どこかで指示を出しているわけではない。しかし、原形質の持つ物理化学的な性質、例えばリズムやパターン形成などが巧みに組み合わさることによって、迷路を最短ルートで解く。これは数理モデルによって理論的に説明できるという。つまり、**粘菌は、指令ではなく、もともと組み込まれている〝アルゴリズム〟によって迷路を解く**わけだ。

本書の取材で、日建設計の社員や外部の関係者に「日建設計の不思議な点は？」と聞くと、誰もが二つ、三つスラスラと挙げてくれた。筆者にも、いくつも思い浮かぶ点がある。もしかしたら、その不思議に思える点こそが、粘菌のように日建設計を導いてきた〝アルゴリズム〟なのではないか。そう思えるのである。

デザイン戦略の話を進める前に、本章では、社員や関係者への取材で浮かび上がった〝日建設計の七不思議〟を見ていくことにしよう。

七不思議①

エリートの集まりなのに、給料や出世よりも「いい建築」

日建設計の社員には、東京大学卒、京都大学卒といった高学歴の人が多い。何でも設計で

粘菌は指令ではなく、〝アルゴリズム〟によって迷路を解く。

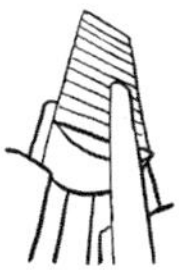

きる一級建築士の資格を取るには、就職してからもさらに勉強しなければならない。基本的には「勉強好きで努力家」の集まりだ。

にもかかわらず、筆者の知る日建設計の社員たちは、まるで出世に興味がない。日夜考えているのは「いかに高い給料をもらうか」でも「いかに楽ができるポジションにつくか」でもなく、「いい建築をつくりたい」。社内の政治力学には関心がなく、あるといえば、「いかにやり甲斐のあるプロジェクトを担当するか」だ。統計調査をしたわけではないが、筆者にはそう見える。

文系出身の筆者には、このことがとても不思議に思える。考えてみてほしい。設計という仕事は、ほとんどが人件費である。販売業と違って仕入れはない。コンピューターなど、若干の設備投資があるとはいえ、出費の大半は人件費だ。文系的発想でいえば、この人件費をいかに抑えるかが企業の生命線である。設計過程をパターン化するとか、ＡＩ（人工知能）を使って人間が関わる部分を減らすとかが企業として目指すべき方向のはずだ。

しかし、日建設計の人たちからは、そういう志向がまるで感じられない。個人的な印象としては、いわゆるアトリエ設計事務所の人たち以上に、業務効率に対して無頓着に見える。

異色の超高層ビル、「キーエンス本社」

それは出来上がった建物を見ても分かる。２人のＣＤＯ（チーフデザインオフィサー）のプロジェクトを例に挙げよう。大谷弘明の出世作は「**キーエンス本社・研究所ビル**※25」だ。大谷が意匠主任として参加し、32歳だった１９９４年に完成した。地上21階建ての超高層ビルは、新大阪駅の近くに立ち、新大阪から大阪に向かうＪＲからもよく見える。

遠目に見てもガラス張りのすっきりした美しいビルだが、注目してほしいのは足元。４本の大きな柱によって全体が持ち上げられている。柱というとビルの四隅に立つイメージだが、このビルの柱は各辺の中央で〝辺の外側〟に立ち、最上部まで伸びている、つまり、外側から空中でビルをつかんでいるような形だ。

足元が吹きさらしになった状態を建築用語で「ピロティ」と呼ぶ。超高層ビルで、こんなに開放感のあるピロティを見たことがない。建物の〝底〟から向かい側の空が抜けて見える。それによって、建物の上昇感も強調される。キーエンス社はセンサーのメーカーで、筆者に

※25

キーエンス本社・研究所ビル

1994年、大阪。設計：日建設計、施工：大林組。SRC造、地下1階、地上21階。延べ面積2万1633㎡。大谷弘明は意匠主任の立場でこのユニークな超高層ビルを完成させた。さらに4年後、「愛媛県美術館」（松山市、1998年）を完成させ、若くして〝日建大阪の顔〟となった

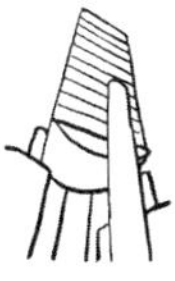

はビル自体が企業の先進性や上昇志向を示しているように見える。

話を戻すと、この建物を設計するのにはとんでもなく手間がかかる。まず、構造計算が難しいし、前例のない形をつくると、部材の納まり（部材と部材をどう組み合わせて固定するか）にいちいち新たな検討が必要になる。

そもそも超高層ビルというものは、繰り返しが多くて効率がいいからつくるものだ。こんなに初めてばかりのことは普通やらない。大谷を含む設計チームがこのビルの設計にどれだけの時間を費やしたかは、設計者でない筆者でも想像がつく。

30mが宙に浮く「ホキ美術館」

山梨が設計したこちらの建物はもっと分かりやすいかもしれない。千葉市・土気《とけ》にある「ホキ美術館」[※26]だ。2010年に完成した写実絵画専門の美術館である。

羊羹のような形のギャラリーが空中に約30m張り出し、美術館の存在を強くアピールしている。張り出した部分は、床も壁も天井も、鋼板を溶接してつくった「鋼板構造」だ。船でもなければ、こんな構造は使わない。

中にいると揺れそうに見えるが、「チューンド・マス・ダンパー」という制振装置を入れて、先端部が揺れるのを防いでいる。実際、歩いても全く揺れない。あるゆる部位において、これまでの設計のルーティンが使えない建物だ。

そんな2人が今回、CDOを任じられたのは、「名誉職」としてではない。2人はいずれも、CDOの傍ら「常務執行役員」という経営層の顔を持つ。社内で出世して今があるのだ。こういう2人が〝変わり者〟ではなく、〝社を担う人〟として評価される。日建設計はそういう組織なのである。

七不思議❷

クリエイターマインドが強いのに、社名や個人名が一般に知られていない

山梨や大谷のように、「ものづくりへのこだわり」が尋常でないタイプがゴロゴロいる組

※26

ホキ美術館

2010年、千葉市。設計：日建設計。施工：大林組。S造・RC造。地下2階・地上1階。延べ面積3722㎡。公園緑地と住宅街に挟まれた細長い敷地を生かすため、チューブ状のギャラリーが積み重なった構成とした。最上階の1階から、地下1階、地下2階へとギャラリーを巡る

織なのである。それなのに、会社としては一般にほとんど知られていない。社名が知られていなくても、個人名が突出しているかというと、そんなこともない。本書を手にして、山梨や大谷の名前を初めて知ったという人がほとんどだろう。

クリエイターにとって「承認欲求」は大きな原動力だ。「こんなに頑張った。こんなにいいものをつくった。それを広く知ってもらいたい」。普通はそう考えるものだ。

そういう考えは個々の社員にはあるようだが、おそらくそれを外に向かってアピールすることは、日建設計の〝気風〟としてよく思われてこなかったようだ。

いくつかの理由が考えられる。一つには、出発点が「住友本店臨時建築部」、つまり住友グループの営繕であったこと。自分の名前を高めて次の仕事を受注する個人の事務所と違い、彼らは、「住友の名を高めること」が次の仕事につながった。今で言う「クライアントファースト」だ。

例えば、住友本店臨時建築部の草創期、野口孫市《まごいち》と日高胖《ゆたか》によって完成した「大阪図書館（現・大阪府立中之島図書館）」（27ページ参照）。住友本店臨時建築部の実作第1号である。この建物で1998年に発見された「棟札《むなふだ》」が面白い。

棟札の右上には大きく、施主である住友吉左衛門の名が、左上には工事顧問として辰野金吾の名が書かれている。野口孫市と日高胖の名は、下の方に小さな字で〝その他大勢〟として書かれている。

住友本店臨時建築部の顧問であった辰野金吾が名前を連ねることはおかしくない。だが、実際の作業量を考えると大小が逆に思える。この逆転した感じは、個人の建築家として次の仕事を取らなければならない辰野と、「クライアントファースト」の野口・日高のスタンスの違いを象徴しているように思える。

「所員心得」もクライアントファースト

クライアントファーストという点でいうと、長谷部・竹腰建築事務所時代（1933〜44年）の「所員心得」※27も興味深い。住友財閥から離れるにあたって、長谷部鋭吉と竹腰健造がつくった事務所運営の倫理規範だ。その一部を引用してみよう。

※27
長谷部・竹腰建築事務所「所員心得」
1933年に長谷部・竹腰建築事務所を設立した際、住友工作部時代の行動規範を改めて「所員心得」としてまとめ、事務所運営の指針とした。全部で34項目にわたる

一、建築の設計監督に携わるものは其《その》業務の関係上品性の陶冶に務め真に技術者としても社会人としても世人の信頼を得るに足る人となる事に努力しましょう。

一、設計に於《お》いても一般の建築界よりは一歩進んで居る事に努力しましょう。世間は日進月歩であって現状維持は即ち退歩を意味するものであります。新たに設計するものは前に設計したものより進歩改良したものでなければなりません。

一、所員が依頼される建築に関する設計、監督、助言、紹介等は事務所が依頼を受けたものと考えて下さい。極めて軽微なものについては或《ある》場合にありましては個人的に面倒を見るようにする場合もありますが、総て一応事務所の裁断により許可を要します。

一、事務所で扱って居る仕事の中には建築主側において秘密を必要とするものもあります。斯《か》くの如きものに対しては建築士の職分上十分之《こ》れを遵守すべきは勿論でありますが、特に直接其衝に当たって居るものは内外共非常な注意を要します。又《また》事務所の設計図、仕様書、調査書其他之れに類するものは**建築主の依頼があり所長の許可を受けたるもの以外は絶対に他に見せたり搬出したりしない様にして下さい**。

（長谷部・竹腰建築事務所「所員心得」から一部を抜粋）

こうした規範を当時の所員がどれほど誠実に守っていたかは定かではないが、「所員心得」が存在するというだけで、軽率な外部へのアピール行為は、はばかられたに違いない。

スタンドプレーをよしとしない気風は、戦後になっても残った。特に出発点である大阪事務所には色濃く伝わったようだ。今回の取材でも、「薬袋（公明）さんは個人の名が表に出ることをよく思わなかった」という話を何人かから聞いた。

七不思議❸

あらゆる用途を受注、クライアントは敵味方関係なし

これは日建設計の最大の強みといえる部分かもしれない。日建設計はおよそ「建築の用途」として思いつくあらゆる領域を設計している。かつ、クライアントの幅が広い。現在も住友系企業の設計業務を数多く受注しているが、全体から見ればそれ以外の仕事が圧倒的に

所長の許可を受けたるもの以外は
絶対に他に見せたり
搬出したりしない様に。（所員心得より）

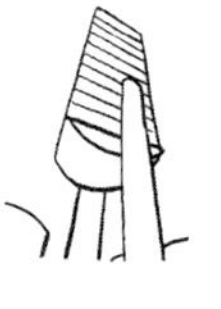

多い。しかも、クライアントの顔ぶれが〝敵味方関係なし〟に見えるのだ。

例えば、「東京スカイツリー」（2012年）は東武鉄道のプロジェクトだが、一方で西武鉄道の本社が入る「ダイヤゲート池袋」（2019年）も設計している。積水ハウスのプロジェクトに数多く関わる一方で、大和ハウスのプロジェクトも手掛ける。読売新聞も毎日新聞も日本経済新聞も朝日新聞（大阪）も拠点施設は日建設計……という具合だ。

どうやってこの中立的な立場を築いたのか。一つには、スタートから比較的早い時期に、住友の支援を受けつつ経営的に自立したことが大きい。2章に書いたことのおさらいになるが、こんな流れだ。

世界恐慌（1929年）から続く不況で新築着工は減り、住友合資会社は1933年、工作部の廃止を決定する。会社は、長谷部鋭吉と竹腰健造に、工作部を廃止して人員を整理することを求めるが、2人は建築設計事務所の設立を会社に提案。会社はこれに賛同し、住友が援助する形で1933年（昭和8年）、長谷部・竹腰建築事務所が発足した。「住友が援助する形で」がポイントだ。けんか別れではなく、**住友を味方につけての独立**だったわけだ。

銀行の人脈で民間を開拓

これに加え、**長谷部・竹腰時代に金融関係の独自のネットワークを築いた**ことが大きい。

長谷部・竹腰建築事務所にとって初仕事となったのは1935年（昭和10年）に完成した

「大阪株式取引所（現・大阪証券取引所）」だ。2年後には東京に「東京手形交換所」も完成。短期間に東西の〝資本主義のシンボル〟を手掛けたことで、経済人、特に金融関係者からの評価が高まった。

　長谷部・竹腰建築事務所は終戦間際にいったんは住友の組織に戻るが、戦後の1950年に「日建設計工務」として再び独り立ちする。そして、全国の地方銀行の本店や拠点施設を軒並み設計するようになる。

　これには、発足から8年間、社長を務めた尾崎久助の功績が大きかった。尾崎はもともと日本銀行の技師で、戦前に長谷部・竹腰建築事務所に転職した人物だ。尾崎は、日銀から地方銀行に下った関係者の人脈を生かし、地方銀行の建物を数多く受注。銀行からの紹介で民間のクライアントを開拓していった。

住友を味方につけて事務所設立。独立後は金融関係の独自ネットワークを築く。

銀行再編でさらに垣根が低く

そのようにして「住友が出発点でありながら中立的」というイメージが築かれていった。1970年に「日建設計」となった後も、バブル期に至るまで、さらに住友以外のネットワークは広がっていく。

バブル崩壊でいったんは受注が減るが、その後は銀行の統廃合が、かつての財閥の垣根を低くした。例えば、「東京ミッドタウン」（2007年）や「東京ミッドタウン日比谷」（2018年）はどちらも日建設計が設計の中心になったものだが、発注者は三井不動産だ。バブル以前であれば想像できなかったことだ。これは2001年にさくら銀行（旧太陽神戸三井銀行）と住友銀行が合併し、「三井住友銀行」となったゆえの変化だろう。

七不思議❹

拡大志向ではないのに一貫して規模拡大してきた

住友時代や長谷部・竹腰時代を含めて120年間のリーダーの顔ぶれを振り返ると、「企業拡大」というイメージが湧きづらい。しかし、そんな〝拡大志向を持たないリーダー〟たちがバトンをつなぐなかでも、結果的に人員が減ったことはほとんどなく、右肩上がりで規模は膨らんできた。

現会長の亀井もこう言う。「自分が社長になってからも、組織を大きくしたいという考えは全くなかった」。しかし、亀井の社長在任中にも規模は拡大した。亀井はこう続ける。「過去を振り返ると、**クライアントのリクエストが設計だけではなく、いろんなところに広がっていって、それに応えるために自然に大きくなった**ように見える。自分のテリトリーを限定しなかったことで、人数が増えていったのではないか」と分析する。

別会社を立ち上げてニーズに対応

亀井の分析のように、業務を「建築設計」に限定しなかったことに加え、「グループ化」を積極的に進めたことも大きな要因と思われる。**新しいニーズに手応えがあると分かると、別会社を立ち上げ、さらにきめ細かなニーズに対応してきた。**

クライアントのリクエストが広がっていき、それに応えるために自然に大きくなった。

現在、日建グループには日建設計以外に6つのグループ会社がある。設立順に見ると下記の6社だ。

1956年 北海道日建設計（略称：HNS）
1970年 日建ハウジングシステム（略称：nhs）
1994年 日建スペースデザイン（略称：NSD）
2001年 日建設計シビル（略称：NSC）
2005年 日建設計コンストラクション・マネジメント（略称：NCM）
2006年 日建設計総合研究所（略称：NSRI）

各社について、ウェブサイトではこう説明している。

北海道日建設計：「北海道地域における建築の企画・設計、都市・地域・環境の計画に関する調査・コンサルティングを行います」
日建ハウジングシステム：「集合住宅施設の計画・設計・監理および集合住宅に関する調査研究業務を行います」
日建スペースデザイン：「建築の内装・家具などインテリアを中心としたスペースデザイン

の設計監理を行います」

日建設計シビル：「都市開発、都市基盤、生産施設、地盤、水環境に関する調査・計画・設計監理およびコンサルティングを行います」

日建設計コンストラクション・マネジメント：「建設プロジェクトの全ての段階を通じて、高度技術サービスによるコンストラクション・マネジメント業務を行います」

日建設計総合研究所：「環境・エネルギーおよび都市経営に関して、研究や政策提言を行うとともに、調査、企画、計画をサポートする業務を行います」

現在は母体である日建設計本体が約2000人、グループ会社の合計で約1000人という規模だ。グループ会社だけでも、かなりの大組織といえる。

新しいニーズに手応えがあると
別会社を立ち上げ、
さらにきめ細かなニーズに対応する。

クイーンズスクエア横浜は「TOD」の先兵

「建築設計」以外にフィールドが広がる一方で、「建築設計」の中でも、新しいニーズをつかみ、それを拡張している。近年の大きな成果は「TOD」だろう。

TODは、「Transit Oriented Development」の略語で、日本語では「公共交通指向型開発」と訳される。自家用車に頼らず、公共交通機関の利用を前提に組み立てられた都市開発や沿線開発を指す。もともとは1990年代初頭に、米国の都市計画家、ピーター・カルソープが掲げた概念だが、米国よりも、人口密度の高い日本やアジア諸国で注目された。日建設計によるTODの評価を高めたのは、1997年に完成した「**クイーンズスクエア横浜**[※28]」だ。三菱地所との共同設計で実現したもので、亀井がチームの中心となった。

横浜みなとみらい21地区の横浜ランドマークタワーとパシフィコ横浜の間の敷地約4・4ヘクタールに建設したオフィス、ホテル、ホール、商業施設等から構成される大規模複合施設。全長260mのガレリア「クイーンモール」が中央を走る。驚くべきは、ガレリアの中央付近にある「ステーションコア」という吹き抜けから、地下鉄みなとみらい線・みなとみらい駅のプラットホームが見えること。プラットホームからは、ステーションコアの巨大なガラス張り空間が見える。

実は、みなとみらい線が開通したのは、クイーンズスクエア横浜が開業した7年後の2004年。つまり、まだ存在しない駅を見越してこの施設を計画したのだ。

TODが海外比率上昇を後押し

鉄道や道路は通常、「土木工事」として、計画段階で「建築工事」とは明確に切り分けられる。しかし日建設計は日建設計工務の時代から、土木的なプロジェクトを得意としていた。例えば1967年には、名古屋駅の隣地で「名鉄バスターミナルビル」という先進的なプロジェクトを実現している。巨大なバスターミナルを3~4階に設けた複合商業ビルだ。ビル内に吸い込まれる高速道路のような斜路は、今見ても驚かされる。「TOD」というラベルが付いたのは21世紀に入ってからだが、そのDNAは社内に脈々と受け継がれていた。

クイーンズスクエア横浜の後も、「**泉ガーデン**」※29（2002年）や「グランフロント大阪」（2013年）など、日本らしい立体的なTOD開発の実績を重ねた。「東京スカイツリー」（2012年）も、東武伊勢崎線とうきょうスカイツリー駅を含む「東京スカイツリータウン」

※28

クイーンズスクエア横浜

1997年、横浜。設計：日建設計、三菱地所。施工：大成建設、鹿島建設、東急建設、住友建設、熊谷組、戸田建設、佐藤工業、五洋建設、鴻池組、錢高組、大日本土木、千代田化工（T・R・Y90工区）。S造・SRC造・RC造。地下5階・地上36階。延べ面積49万6385㎡。地下鉄のプラットホームから地上4階までつながる巨大な吹き抜け「ステーションコア」は、建築基準法38条による防災評定を受けて実現した。防災や煙対策として、地下1階の床下から地下3階の床に二重シャッターを設置し、駅部分と区画する。風や音、防振などもシミュレーションしながら設計を進めた

というTOD開発である。そして、「渋谷ヒカリエ」（2012年）から「渋谷フクラス」（2019年）、「渋谷スクランブルスクエア」（第I期は2019年完成）と続く渋谷駅の再開発は、2027年度の全体完成に向けて現在も進む。

日建設計のTODはアジア、特に中国、インドから多くの引き合いがある。TODを大きな武器として、売り上げに占める海外比率を徐々に高めている（2020年度の海外比率は約13％）。

七不思議❺ 危機らしい危機がないのに組織改革が好き

これは筆者が建築専門雑誌（日経アーキテクチュア）の編集者だったときから感じていたことだが、日建設計は「組織変更」を頻繁に行う。変更の知らせが多くて、外部の人間には最新の組織体制がよく分からない。今回の取材でも、社員の何人かから「組織をよく変える会社」「まずはやってみて、うまくいかなかったらすぐ変える気風」といった声を耳にした。

前述のように120年間、日建設計はほぼ一貫して拡大してきた。危機らしい危機があったわけではない。それでもよく組織を変えるのには二つの理由が考えられる。一つは「新たなニーズをとりこぼさないため」、もう一つは「社員のモチベーションを高めるため」だ。

今回の「デザイン戦略」づくりは、その両方に当てはまる。

自社株を持つことで経営意識

上意下達ではなく、多方向から声を上げ、それによって、危機になる前に先手を打つ——。そうした気風が生まれる背景の一つに、日建設計工務の時代から70年近く続く「社内株式制度」があると考えられる。

日建設計の資本金は現在、4億6000万円。同社は株式を公開せず、全株を社員が所有する仕組みとしている。入社して10年程度たち、役職が与えられると、それぞれに株が割り当てられる。この株は在職中売ることはできず、退職時に返す。それで大儲けできることはないが、毎年の配当がある。

※29
泉ガーデン

2002年、東京都港区。設計：日建設計、施工：清水建設・鴻池組・淺沼組・鹿島建設・竹中工務店・住友建設JV。S造・SRC造・一部RC造。地下2階・地上45階。地下鉄の改札を出ると、目の前に吹き抜けの大空間と、その向こうに階段状の庭園が広がる。先駆的なTODプロジェクト。構想から17年、準備組合の設立から14年を要した。熱線吸収強化ガラスを採用しているため、緑色に見える

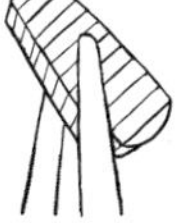

もともとは「外部資本の影響を避ける」という目的で始まったものだが、個々の社員に「自社の経営に参加している」という共有感を根付かせる効果も大きいようだ。それもあって、「会社が危なくなる前に」、あるいは「もっと働きやすくなるように」と、自分たちで変革する意識が芽生えるのだろう。

七不思議❻

大阪と東京で張り合う文化が残る

1990年代初頭の大阪事務所を知る大谷はこう言う。「**大阪事務所の人間にとって、東京事務所は、ライバルなんてものではなく、他の事務所と同じ〝敵〟だった**（笑）。でも、東京の人たちは大阪なんて気にもかけていない。一方的なライバル関係だった」

大谷は「一方的」と自虐的に言うが、東京側にも当然、ライバル意識はあったようで、こうした東西で競い合う関係が組織存続の原動力の一端であったことは間違いない。

日建設計のウェブサイトを見ると、今は「本店」の所在地が東京都千代田区飯田橋と記されている。しかし、21世紀初頭の2004年までは大阪が「本店」だった。

既述のとおり、日建設計の前身となる住友本店臨時建築部が1900年に発足した場所は大阪だ。戦後、1950年に日本建設産業から日建設計工務が分かれたときも拠点は大阪。

このときには、本店（大阪事務所）が60人、東京事務所が14人、名古屋事務所が18人と、大阪の人数が圧倒的に多かった。

東京圏の仕事が急激に増えたのは、日建設計工務の初代社長を務めた尾崎久助が東京圏の民間クライアントを開拓し始めてからだ。

やがて大阪事務所で薬袋公明、東京事務所で林昌二が頭角を現し、大阪と東京のライバル関係が鮮明になる。2人が〝東西の顔〟としてリーダーシップを発揮した期間は、1960年後半から四半世紀以上に及んだ。

東京の銀行本店も大阪が担当

2人のライバル関係を考えるうえで複雑なのは、東京の銀行拠点の多くは、薬袋率いる大

大阪事務所にとって東京事務所は、他の事務所と同じ〝敵〟だった。（大谷）

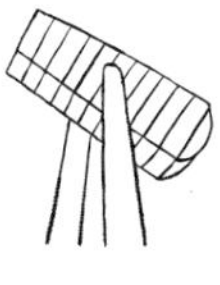

阪が担当していたということだ。例えば、大谷が入社するきっかけとなった「三和銀行本店」（1973年、現存せず）は薬袋の代表作の一つだし、会長となってから実現した「日本長期信用銀行本店」（1993年、現存せず）も薬袋がリーダーシップを執ったものだ。

業務効率を考えると、エリアで担当を分けた方が良さそうに思えるが、当時は**仕事を依頼された人がプロジェクトを担当するという暗黙のルール**があった。「クライアントファースト」の一つの表れともいえる。

こうした薬袋と林のライバル関係については、日建設計のどの資料を読んでも記述がない。それが記されないことに、ただならぬライバル関係を読み取るべきなのだろう。

社員に話を聞くと、今も大阪のスタッフには東京をライバル視する意識が少なからず残っているようだ。企業経営においては、必ずしも「いつも仲良し」が善であるわけではない。粘菌的な生命力を持続するには、こうしたライバル関係も将来に受け継ぐべき要素かもしれない。

七不思議⑦

デザインについて語らない、目指すデザインが示されていない

デザインについて社員同士で語らない。これは山梨や大谷がすでに語っており、社員への

取材でも同じことを何人かが口にした。

それでも、薬袋・林時代の30年間には、東京と大阪にそれぞれの「らしさ」があったことは、多くの人が指摘するところだ。ざっくり言えば、前者は薬袋の特徴である「工芸的で玄人好みのデザイン」、後者は林の特徴である「先端技術を採り入れた伝わりやすいデザイン」だ。

今回のデザイン戦略会議の問題意識の一つに、「日建設計らしさが失われつつある」という指摘がある。しかし、120年の歴史を振り返ると、「らしさ」が明確だった薬袋・林時代の方が〝特殊な時代〟だったようにも思える。

仕事を依頼された人がプロジェクトを担当するという暗黙のルール。

建築史家の目に映った60年代初頭の日建設計

2人の時代の少し前、1962年に建築史家が書いたリポートからも、それはうかがえる。以下は、建築専門誌『新建築』に建築史家の浜口隆一が村松貞次郎とともに連載した「ルポルタージュ：設計組織を探る」の中の日建設計工務に関する記述だ。

「日建KK（工務株式会社）は、**こと設計の作風ということに関しては、ワンマン・コントロールどころか、無統制的といっていいような多頭的・集団的なものだ**ということである。日建KKが500名をこえる驚くべき組織にまで膨張しえたのも、一つはこうした集団的性格によるといえよう」

「このことは、日建の組織の内部で、若い世代の所員たちがかなり自由に、各自のやりたい作風を選ぶことを許されるという、一種の『デザイナー天国』をつくりだしている。首脳部は企業として設計を真剣に考え、若い所員は自我の主張を、ロマンチックに憧れる。誇張していえば〝喜劇的〟な組織である」

（『新建築』1962年1月号「ルポルタージュ・設計組織を探る」浜口隆一、村松貞次郎著より引用）

なんとも散々な言われようだ。組織としてのデザインの統一感のなさは、当時の建築史家には、目に余るものだったことが分かる。

デザインレビューで方向性を絞る

この文章が書かれた１９６２年は、薬袋公明や林昌二が建築界でもそれほど知られていない時期だ（林の出世作である三愛ドリームセンターが翌年に完成）。「若い所員は自我の主張を、ロマンチックに憧れる」と書かれた薬袋や林は、癇《かん》に障ったに違いない。

薬袋と林は、それぞれに自身が目指すデザインへと、周りのスタッフを誘導していった。そのための場として機能したのが、今に続く「デザインレビュー」である。日建設計では伝統的に、プロジェクトの進行過程で何度か、チームメンバー以外にデザインに関する意見を聞く場を設けている。方針決定の段階で行うものを「ＤＯ（Design Orientation）」、設計過程で行うものを「ＤＲ（Design Review）」と呼ぶ。

興味深いのは、このプロセスは戦前の長谷部・竹腰建築事務所にもあったことだ。前述の

ワンマン・コントロールどころか、無統制的といっていいような多頭的・集団的な作風。

長谷部・竹腰建築事務所の「所員心得」には、デザインレビューとそっくりの項目がある。

一、設計進行中重要なる点の決定は総て設計審議会の議に附する事として下さい。

薬袋や林は、これを形式的な承認の場ではなく、実践的な意見交換の場として機能させた。「会議室には雲の上の人たちがずらりと並び、張り詰めた雰囲気にいたたまれなくなった」と、当時を述懐する社員もいた。

ただ、薬袋・林の時代にも「この方向性を目指せ」という明確な指針はなかった。基本的には各担当者のアイデアを生かしつつ、デザインレビューで出された意見を参考に、それぞれが考える「らしさ」が加えられていった。

今回のデザイン戦略の議論はどんな方向に帰結するのか。再びその議論へと戻ろう。

5
章

「至言」ではなく、常に形を変える「ゴールズ」へ

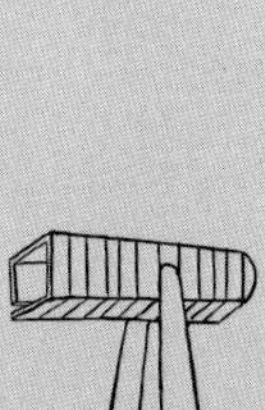

「至言《しげん》」という言葉がある。「いかにも正しいことを言いあてた言葉」という意味だ。大企業では、創設者や歴代のカリスマ経営者の至言が企業理念となっているところが少なくない。例えば、自動車メーカー、ホンダの基本理念である「三つの喜び」。「造って喜び、売って喜び、買って喜ぶ」の意味だ。これはもともと、創業者である本田宗一郎の言葉として、1951年の『ホンダ月報』に掲載されたものだという。

経営層の判断で経営理念を見直す組織もある。例えば、米マイクロソフトの経営理念はこれまでに何度か変わっている。創業者のビル・ゲイツが初期に掲げたミッションは、「A computer on every desktop and in every home.（すべてのデスクと、すべての家庭に1台のコンピューターを）」だった。

そのミッションは、実際に成し遂げられた。2014年にCEOに就任したサティア・ナデラは、新たにこんなミッションを掲げた。「Empower every person and every organization on the planet to achieve more.（地球上のすべての個人とすべての組織が、より多くのことを達成できるように）」

いずれの理念も分かりやすい。しかし、日建グループのように、「全社員から意見を聞いて方針をつくる」という進め方だと、それは決して分かりやすい「至言」にはまとまらない。社員を巻き込んだ議論が始まると、筆者はすぐにそう思った。

ネット上の「ひろば」が幕開け

2020年6月12日、「**日建デザインひろば**」がイントラネット上にオープンした。両CDOからのこんなメールが、幕開けのホイッスルとなった。

〈「デザイン戦略」へのご意見を！〉

日建設計、チーフデザインオフィサー山梨知彦と大谷弘明より皆様へご案内です。デザイン会議にて「日建グループ全体を貫くデザイン戦略」を取りまとめることになりました。「デザイン」というと、意匠設計を担当する一部の役職員だけの狭い問題に感じられるかもしれません。

しかし、建築や都市そしてそこでのアクティビティを創り出すためにモチベーションとク

日建デザインひろば

イントラネット上に設けられた意見交換の場のトップ画面

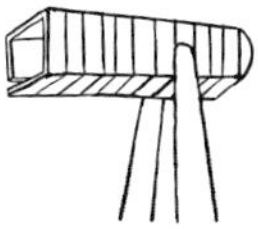

リエイティビティを持って取り組んでいる日建グループ全役職員の活動は、広義な意味ですべて「デザイン」に関わることであり、このデザイン戦略を考えることは全役職員にとってとても密接な問題である、と考えています。

こうした理由から、デザイン戦略は社内の一部の人間が考えて一方的に指示するものでなく、「役職員の声」から築かれるべきものであり、むしろ役職員が日建グループのデザインがどうあるべきかを**全員で考えることこそ、最強のデザイン戦略なのではないか**と考えるようになりました。

このため、意見の募集と交換の場として、イントラネット上に「日建デザインひろば」を設けました。議論のたたき台として、デザイン戦略の素案「日建デザインゴールズ」を公開します。

つきましては、デザイン戦略やその素案である「日建デザインゴールズ」についてのご意見、またどんなゴールズを目指したいかというご提案、ゴールズをプロジェクトに反映させる仕組みに対するご提案、After Corona のパラダイムシフトを踏まえたご指摘、などを広く募集します。趣旨をご理解いただきまして、現状への批判を越えたご意見を多数お寄せいただければと思っています。

別ページで示された「素案」は、以下のようなものだ。

〈デザイン会議による素案〉

(1) デザイン戦略の狙い――デザインの質を向上させる、わかりやすい仕組みをつくる

狙いは、日建グループが手掛ける建築や都市などのデザインの質の向上です。トップレベルのさらなる向上はもちろんのこと、ボトムアップも目指さなければなりません。課題は、そのための効果的でわかりやすい仕組みを如何にしてつくりだすかという点にあります。

●発想を縛らない――ルールではなく、創造力をインスパイアするハードルとする

一方で、グループを貫く強い戦略は、デザインにとって最も重要な役職員の自由な発想を縛るルールや箍《たが》として働くのではないかという懸念の声も聞こえました。大切なことは、デザイン戦略は役職員の創造力をインスパイアし高めるハードルのようなものでなければなら

全員で考えることこそ、最強のデザイン戦略。

ないとも考えました。

●日建グループならではのデザイン――デザインは全役職員の問題である

日建グループならではのデザインには、直接それに関わるデザイナーに閉じた「狭義な意味でのデザイン」のみならず、グループ連携や部門間連携によるデザインも重要です。むしろ日建グループのデザインを支えてきたのは、エンジニアリング部門、都市部門、ＣＲＳ、コーポレート部門など全ての役職員のモチベーションとクリエイティビティであり、これは「広義の意味でのデザイン」とでも呼びうる、我々の重要な特徴と伝統の一つであると考えています。日建グループにとって、デザインは全職員に関わる問題ではないでしょうか。

●具体的な目標に絞る――抽象論は一度棚上げにする

戦略となると、つい「デザインとは？」や、「日建グループのデザインビジョンとは？」といった抽象論から始めたくなります。これはこれで必要な議論ではありますが、今までも多くの人々が取り組みながらも納得できる答えにたどり着けていないところを見ると、これは我々が一生を懸けて考え続けるテーマであり、人の数だけ答えがあるものだと思います。そこで今回は議論を拡散させないためにも、デザインに関する抽象的な議論はひとまず棚に上げ、日建グループが目指すべき具体的なデザインの目標に絞って考えてみたいと思います。

（2）デザイン戦略を「日建デザインゴールズ」として取りまとめる

多様性の時代の中で、様々な建築や都市の設計の依頼を受け、多種多様な職能を持つ人々が計画・設計している日建グループのデザイン戦略を、**一つのゴールに収束させることは明らかに無理**があります。しかし「ゴールズ」と複数形にすれば、取りまとめることが出来、**取りまとめたゴールズの中からは、「日建らしさ」が見えてきそうな予感**もします。こうした考えから、具体的で実践的な複数のデザインゴールによってデザイン戦略を組み立てること、すなわち「日建デザインゴールズ」として取りまとめることを提案します。

初日は恐る恐るの書き込み

「ひろば」の開設初日はこんな感じで書き込みが始まった。（山梨と大谷のみ実名で記す）

一つのゴールに収束させるのは無理。取りまとめたゴールズの中から、「日建らしさ」が見えてくる。

〈2020年6月16日〉

Y：せっかくの機会なのであまり考えず書き込んでみます！　日建設計が仮に「デザイン戦略」を持つとすると、環境配慮、レジリエント、パブリックスペースｅｔｃなど近年に使われてきた設計上の切り口と何が違うのか。また近年ブランディングにより生まれた「ＥＩ」（日建グループのタグライン「**EXPERIENCE, INTEGRATED**」）[※30]と何が違うのかが気になります。

入社して十数年がたってしまいましたが、フロントローディングや設計業務改善の無数のツールが生まれては消えを目にする中で、日常業務の中で最も役に立ったツールだなと最近感じているのは、「ＥＩ＝体験／経験／インテグレート」というタグラインです。デザインで困ったときに、素直な気持ちや発想の原点の整理になるという意味です。

今回の「日建デザインゴールズ」というものが何かまだ分かりませんが、そんな日常的に役に立つものになるといいなと思いました。

ところで競合他社の設計事務所はデザインビジョンを持っているのでしょうか？　海外のよく競合する組織設計事務所は持っていそうですが……日本以上に海外ではデザイン戦略を持つことは有効な気がします。

J：確かに、海外が舞台となったら、様々な国から何百の設計事務所と競争するわけなので、何か特徴的で目を引くポリシーを持っていることは大事ですね。すぐに見分けがつかないと競争どころか呼ばれなくなりますので。

でも、とにかく目立つデザイン、格好良いデザインで勝負することより「日建だからできるデザイン」で差別化を図りながら勝負していくことが必要な気がします。

大事なのは「デザインだけを目標としないデザイン目標」ですかね。

I：ARUP（世界各国で活動するエンジニアリング会社）のタグラインは「We shape a better world」みたいですね。HPではエンジニアリングの観点からも「Total Design」を標榜する想いが伝わってきて、示唆に富んでいるような気がします。

日建設計は都市も土木もCMでもデザインを語れるから、より大きなTOTALを描けるはず。

山梨：Yさん、「海外ではデザイン戦略を持つことが有効な気がします」とありましたから、

EXPERIENCE, INTEGRATED
多彩な経験を組み合わせ、豊かな体験をお届けします。

※30

「EXPERIENCE, INTEGRATED」（EI）

亀井社長時代の2017年7月に発表された日建グループのタグライン。グループ内では「EI」と略している。「多彩な経験を組み合わせ、豊かな体験をお届けします」の意味。新しいロゴマークと併せて発表された

まずは手掛かりとして、海外向けのデザイン戦略を考えてみてくれませんか？　それが思いついたら、なぜ日本ではそれが使えないかを考えてみると、具体的に「日本におけるデザイン戦略がどうあるべきか？」を探る糸口が見つかるかもしれません。

K：山梨さま、中国はじめ海外プロジェクト担当者はみんなそれを日夜考えていると思います。日本国内での得意技・必殺技が海外ではなぜ効かないのか？　ひょっとして日本国内だけが特殊なのか？　と。海外から日本を逆照射すると、「日本のデザインとは何か」が浮かび上がってくるような気がします。まさに山梨さんのおっしゃる通りですね。

山梨：Kさん、全体を網羅するようなゴールズではなく、個別の具体的なデザイン的課題に対する具体的で有効なゴールを積み上げて行けば、その向こうにゴールズが見えてきそうな気がしているんです。(笑)

そしてまた時がたち見えなくなったら積み上げてみる。この繰り返しの中で、日建らしいゴールズを少しずつ築いていければいいのかなと。

ひろばに書き込めない〝違和感〟も

少なくとも初日には、山梨や大谷が懸念したような〝強い否定〟の書き込みはなかった。しかし、その真意を測りかねている社員は少なくなかったようだ。長年、山梨グループの一員だった渡辺由紀(設計部門ダイレクター)もその1人だ。

「デザインのルールをつくるって一体どういうことなんだろう。日建には日建調がない、というのは私たちには昔から当たり前のことだった。いろいろな方向を向いているのが日建設計の良さ。今、何のためにそういうことをやるの？　という感じがした」

渡辺はあるとき、直接、山梨に聞いた。「**山梨さんがルールをつくりたいというのはどうにも不思議に思える。**なぜ山梨さんがやるのか。**最も言わなさそうなことだと**（笑）」

山梨はこう答えた。「ルールをつくるわけではない。デザインを高めていくベースをつくろうという話なんだ」。渡辺はそれを聞いて、「志を高く持とうという話ならば、それはありだな」と思った。

山梨さんがルールをつくりたいとは
どうにも不思議。
最も言わなさそうなこと。

一方では「遅すぎた議論」の声も

反対に、この議論に大きな期待を寄せる社員もいた。後にデザイン会議メンバーに加わる丁　炳均《じょんびょんぎゅん》（グローバルデザイン部門設計グループダイレクター）はその1人だ。

「遅すぎたけれど、今、ようやくそういう議論が始まるのか。ずっと前からあってしかるべきだと思っていた」

丁は韓国で生まれ育ち、大学院から日本に来て、日建設計に就職した。今は中国のプロジェクトを担当している。

「中国のプロジェクトでは、そのたびごとにチームのメンバーが変わる。目指すビジョンを共有するのに時間がかかる。ルールをつくったからといって、それにすべて縛られるわけではない。土台にして応用すればいい話。ベースを統一しておいた方がクリエイションにエネルギーを割くことができる」

やや意外なのは、設計部門以外でもこの議論に期待を寄せていたことだ。例えば、構造設計部門の向野聡彦（フェロー役員、エンジニアリングフェロー）はこう言う。

「社内でチームを組んで設計をしているときにも、デザインに踏み込んだ議論はほとんどなかった。設計担当者から、ここは丸がいいとか四角がいいとか、そういう話はまず出ない」

ちなみに向野は、山梨と組んでプロジェクトを進めることが多い。「ホキ美術館」（93ページ参照）では日本構造デザイン賞を受賞し、「桐朋学園大学調布キャンパス1号館」では山梨とともに日本建築学会賞作品賞を受賞している。その向野はこう続ける。

「山梨はデザインを口にする方だが、それでもズバリとは言わない。エンジニアはそれを何となく感じ取って提案する。我々の世代は長年やっているのでそれが読める。多少間違っていても後で修正できるので、我々からも攻めた提案ができる。でも、近年は構造グループの中でも、バーチャルな世界に閉じこもる人が増えてきた。リアルな建築のデザインの意識が欠落してきている感じがあった。そこに今回の話があり、**どういう議論になるのか興味津々だった**」

「素人は黙っとれ」からの脱却

個々に想いはあっても、いきなり強い意見を投稿するのには勇気がいる。「デザインの話

エンジニア側から見ても
どういう議論になるのか興味津々。

をほとんどしない」のが伝統の会社なので、なおさらだ。ひろばの開設から数日間は、〝様子見〟の書き込みが続いた。流れが変わり始めたのは5日目のこの書き込みからだ。

〈2020年6月16日〉

H：ものすごく端的に言います。怒らないでください。（笑）

「日建設計のデザインって、ホームページを見ても保守的でつまらないものが多い。メッセージも感じない」「あと、写真群が青すぎてゼネコンみたい」というストレートな意見をとある編集者から耳にしたことがあります。

これに対し、「素人は黙っとれ。」という空気が少なからず日建内にはあると思います。

この辺りの意識を〝試しに〟逆にしてみて、「素人に響かないデザインはデザインではない。」くらいの評価基準にしてデザインレビューの一つのゴールにしてみるのはどうでしょう？　プロジェクトごとにその重みは異なるでしょうけど。

K：うわーすごい共感します!!　それよそれ。私もそれ言いたかった。私も「素人（施主など）の意見」の中にこそ真実が含まれている気が常々しますし、クライアントの意見をくみ取ってデザインするのが好き。対義語は「ポピュリズムへの迎合」かな。

U（グループ会社の社員）：「素人は黙っとれ」撲滅に一票!!

いったい、誰の為に体験をIntegrateするのか、を考えてみれば自ずと、今は姿を見せない頂きへの道しるべが見つかる気がします。

Y：すごく共感します。HPはきれいですが、**社会に届く「メッセージ」は「きれいな建物を作ります」で止まっている**ように思います。

日建はBtoBの会社だけど、「豊かな経験」をするのは使用者（素人）ですよね。「思想やストーリーに対する『個人』の共感」が重要な時代で、それを生むことが「豊かな経験」を伝えるデザインの重要な役割と思います。

海外案件経験者に共通する危機感

開設3日でひろばへの登録者は300人を超えた。登録者には、ひろばに書き込みがあると、「ピン」という電子音で知らせがある。毎日30件ほどの書き込みがあり、電子音が鳴る

社会に届く「メッセージ」は「きれいな建物を作ります」で止まっている。

度にパソコンを見てしまう。

海外プロジェクトへのコメントが増え始めた。

〈2020年6月16日〉

O：コンペに強い海外事務所が、彼らにとっての海外でどう闘っているのかを考えてみることは、日建のデザインゴールズの持ち方にも参考になりそうです。例えば中国で、強豪と言われる建築家や設計事務所が活況でした。コンペやデザインの競争でどう「強い」のかという思いで見ていると、アウトプットも、問題解決も、交渉や契約についても、当然のように自分たちが自国でそれまでやってきたコアの価値と実績の延長線でとらえて、自信をもって提示していて「強い」。（中略）

ただ、プロジェクトに向き合う個人として、前例と同じ（ように見える）ことを繰り返すことにモチベーションが向かない、むしろ繰り返しは「ものまね」と否定するジレンマを感じます。これは、日建のようなアノニマスな集団で、特に意匠設計者たちが、繰り返しから距離をとることのひとつの原因だと思います。自分が新人の頃の日建は、それぞれ自立した個人の集団、ひとつの作風がみえないことが強みなんだ、と長らく宣言していました。

これは日本での、らしさの認知が基盤にあって成り立つポーズですから、**世界で仕事が増えた今、つかみどころがないと「強み」にならず**、あまり説得力を持たなくなってきたのかもしれません。

J：中国とか海外のクライアントから一番よく聞く話、「貴方たちはデザインアーキテクトだからより目を引くランドマーク性のあるデザインをしてほしい」。それに無暗に乗ってしまうと大怪我してしまうケースもあるので要注意ですが、何か答えを出さないと済まない時があります。

日建は何がデザインの特徴だったかな？　個人の力量含めてですが、意外と選択肢の狭さによく直面しています。新しい挑戦より失敗を最小限に抑える気持ちが先に働くとデザインもコントロールしやすい、今までの成功パターンを繰り返そうとする傾向になる気がします。多少失敗しても良いから、やったことのないデザインにどんどんチャレンジする雰囲気があっても良いなと思います。

世界で仕事が増えた今、つかみどころがないと「強み」にはならない。

形ばっかりに走るのは問題ですが、形に消極的すぎて、次のステージのデザインにいつまでも乗り切れないのも問題ですかね。

K：私たちの「デザインの引き出しの圧倒的な少なさ」に気づかされますね、中国の仕事をしていると。「狭義のデザイン」が非常に弱いことに気づきます。

〈2020年6月17日〉

H：ふと思ったのですが、DO（方針会議）やDR（デザインレビュー）のときに何か一つそのプロジェクトでの〈チャレンジ〉を明確にするといいかもしれませんね！ マテリアルでもコストでもエンジニアリングでもなんでもいいんですが、一つは必ず新しい価値を提案すると。具体的に。それがデザインになると思います。色んなプロジェクトがあるので**色々なレベルのチャレンジがあっていいはず！**

大谷：全くそのとおりです。それをDO／DRの目玉にしていこうとデザイン会議でも話しています。数あるデザインゴールズの中から設計者が選んだゴールにどのようにチャレンジしていくかを問う、ということをしようと思います。広義、狭義、右派、左派、前衛、後衛、いろんなチャレンジが出てくると思います。

K：「マテリアルでもコストでもエンジニアリングでもなんでもいいんですが、一つは必ず新しい価値を提案する」。Hさんの言う、それこそが「テーマ」です。

身近な課題か、「ムーンショット」か

開設5日目ごろから、「ゴールズはたくさんあっていい」「それぞれの身近な課題を挙げればいいのではないか」という意見が増え始める。これに対して大谷は、やんわりと「実現が難しい高みを目指そう」と書き込む。

O（グループ会社社員）：デザインゴールズを導くにあたって答えがいくつもあって良いということであれば、デザインに取り組む際に、それぞれが自分に課している課題を集約する事でなにか見えてくるのではないかと思いました。おそらく、皆それぞれフィロソフィーをもって仕事に取り組み、クライアントの要望や様々な与件を超えて、さらなる価値を生むために自分に課しているハードルがあるのではないかと思います。

色々なレベルのチャレンジがあっていいはず！

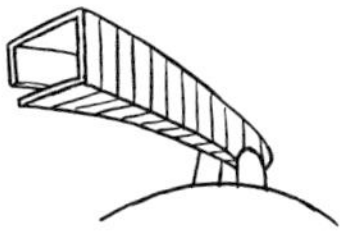

最低限の乗り越えるべきハードルではなくて、自分で主体的に熱意をもって乗り越えたいハードルです。それらを集約した物をゴールズとしていくつか設定し、それらを物件毎の特性に応じて選択し乗り越えるべき指標とする事で、プロジェクトの限界を超えるためのツール、指標としてのゴールズができあがるのではないかと。

皆バラバラの答えで良いと思うのですが、一度多くの方の「仕事を通じて何を実現しようとしているか」を集めてみるのはいかがでしょうか？

Y：一度色々忘れて、みなさんでシンプルに「ゴールズの種」をキーワードか短文でこの下に続けてみるのはどうでしょう？　1000人以上見ているはずなので、1人一つで1000個になりますし。どなたか続きお願いします！

〈2020年6月19日〉

N：この素晴らしいデザインをうまく稼ぎに転換できているのかな～？　と思う時があります。デザインにかけた時間以上に高い利益を生み出すには「何が必要？」といつも考えています。

大谷：正直言って、**金儲けに興味のない人が多すぎたのです。大谷もその1人です**。でも自分の提供する価値に自信があるなら、それをわかってくれるクライアントに対価を求めず、結果赤字に終わるなんていくら何でもおかしい、と最近になってようやく気づいてきたのです。正々堂々、より高い価値を提供し、クライアントを潤し、その対価を頂戴する。安売りしない。事務所全体でこの好サイクルへの転換を図っている最中です。

I：同感です。自分の価値を高める、高く売るには、自分を大事にすることです。決して安売りせず、生きていけるだけの最低限を確保して、仕事を選ぶ。そのサイクルが、日建設計の品質を向上させると思います。まずは、気持ち、心から！

大谷：良い悪いとか基準とかという風に社内がならないために、ゴールズは、ちょっとやそっとでは届かない遠い目標にするのが良いのではないか、と思い始めています。いくらかの改良で達成可能な適当なゴールではつまらないのでは、と。ＳＤＧｓ（持続可能な開発目標）を思い返してみても、２０３０年に容易には到達できない目標が掲げてありますね。そのゴールズに向かって人類が英知を結集しようという壮大な物語になる。

金儲けに興味のない人が多すぎた。大谷もその１人です。（大谷）

日建グループがそのうち掲げることになるデザインゴールズ2020もこのように、今のところの達成は困難であるが、10年をかけて目指す「ムーンショット」(月に矢を放つような挑戦)になると嬉しいです。それらが各分野すべてにそれぞれ潜んでいて、それを推定する努力が今回のゴールズ探しなのではないでしょうか。

H：SDGsの大きなゴールである17のゴールは、確かに途方も無いゴールに見えますが、その下にある各カテゴリーのゴールは何をすれば良いか、より具体的に示されています。17のゴールの下に169の具体的な目標、さらに232の具体的な指標があり、これを読んでいくと、そもそも何が世界の問題点なのか、具体的に何に取り組めば良いのかは分かります。

SDGsを参考にするとすればですが、ムーンショットに見える**ゴールの下層レイヤーをチェックすると、より具体的な指標や課題が示されている**。指標も見える。というような構造になるのかと思います。

SDGsはマイナスを減らす問題解消型の取り組みなので、より多くの人が共有しやすい、納得しやすいのだと思いますが、デザインに関する課題にはより環境負荷を減らすことや、不便を減らすといった、マイナスを減らすための課題の設定と、より多くの好印象やフォロワーを増やしたり、「幸せ」や「豊かな体験」といった、個人個人で尺度が異なることに対してプラスを増やす難しい課題。これらを重ねたゴールの設定が必要なのかなと思います。

ゴールズは「ウニのトゲ」のように

この日の夜、大谷はグループの全員宛に下記のメールを発信した。

2020年6月19日 20：34　大谷弘明　発

〈日建グループの皆様〉

先週の金曜日（6月12日）、イントラネットに「日建デザインひろば」を開設し、自由な書き込みによって相互に意見を交わせる場が出来ました。

おかげさまで開設1週間で、すでに600人を超える人々の参加が実現しました。そもそも、このひろばでの意見収集をしてみようとなったのは、今年はじめ、グループ横断の「デザイン戦略」というミッションを、山梨さんと大谷が仰せつかったのが発端です。

ゴールの下層レイヤーをチェックすると、より具体的な指標や課題が示されているものに。

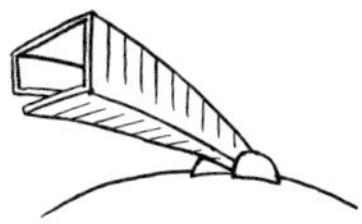

日建設計で、ましてや日建グループ全体で、「デザイン」について考えるというタスクフォースが出来たことはなく、実に日建設計の歴史上初めてという野放図な試みになります。建築と都市をめぐる多方面の業態を展開し、クリエイティブなマインドによって働く私たちにとって、自らの組織体に「デザイン」について明文化した規範が無いという事実は、NIKKEN七不思議の筆頭ではないでしょうか。

これまでの長い間、形に関わること、「デザイン」に関わることは、不文律、先輩の背中、伝承などの日本的な美名によって思考停止する、曖昧模糊とした感覚的なものだったのです。おそらく「デザイン」をめぐる対話が恥ずかしいとする気風や、そんなことは個人個人が考えることでしょ、という昭和的な（粗暴な）空気が、過去には強かったと思います。未来を見通せない現代、世界に打って出る私たちが、私たちの存在意義と提供価値をみずから語れないのは、とても寂しいことです。

NIKKENブランディングが中途半端な状態にあるのもこの理由によると考えています。青臭いことを言うように聞こえるかもしれませんが、紀元前ギリシャ時代のアゴラ（ひろば）での議論のように、直接民主制によって「市民」の話し合いをしてみようと思います。そこに出てくる多種多様な意見の混沌の中から、新しい時代に立ち向かうための鍵がきっと出てくると信じています。

「デザイン」と呼んでいますが、これは狭義の意匠のことではありません。ここで「デザイン」と呼んでいるものは、社会に向けた広義の提供価値のことです。営業部門や間接部門に関わる人々も、周りに価値を提供しています。日々、広義の「デザイン」に関わっているのです。

日建グループに属するすべての人々に関わることとして、ぜひ「デザイン」を自分事として捉えていただければ幸いです。

「日建デザインひろば」をまずは訪れてみてくださいますでしょうか。

このメールもあって、それから数日間、ひろばの書き込みはさらに増えた。**登録者数は6月26日（開設2週間後）に１０００人を突破**した。

議論は徐々に、①ＳＤＧｓのように、たくさんの目標を並べたものが望ましく、②それぞ

「デザインひろば」の登録者数は２週間で１０００人を突破。

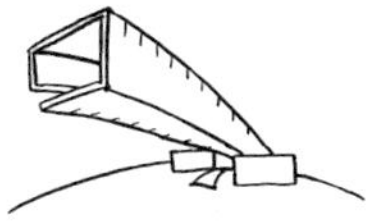

れがウニのトゲのように先鋭なものであり、なおかつ、③毎年更新されるべき、という方向に収斂していった。

具体的な目標を書き込むページがひろばの中に設けられ、ゴールズ案が次第に数を増していく。2020年の初夏は、このひろばが気になって、仕事に集中できないという人が多かったかもしれない。筆者もその1人だ。

覆面座談会やオンラインイベントも実施

ただ、ここまでの議論を見ていた筆者には、山梨や大谷が当初心配していた〝強い否定〟の書き込みがほとんどないことが意外だった。

そこはデザイン会議のメンバーも気になっていた。関心のある人だけが書き込んでいて、違和感を持つ人は書き込みにくいのではないか――。それすらも良しとしないのが、日建設計の不思議な気風だ。

そこで、「インテグレーター」と呼ばれる若手中心のグループ内横断組織に声をかけ、彼らが主体となって「**覆面座談会**」を実施することになった。各部門や世代ごとに5～6人を集めて匿名で意見を聞くものだ。これをなんと30回も実施して、「デザインひろば」に掲載。議論の輪を広げていった。

駄目押しとして、「**デザインイベント**」がオンラインで開催された。120年の歴史でおそらく初めての、デザインをテーマにしたグループ内イベントだ。開催されたのは２０２０年8月27日の17時30分〜19時30分。内容は前半がパネルディスカッション、後半が両ＣＤＯへのインタビューだ。後半のインタビューの聞き手は筆者が担当した。このイベントも強制参加ではなかったが、約１０００人が視聴した。

イベント後、デザインゴールズの最終案が示され、それに対するパブリックコメントが２０２０年10月7日〜19日の期間で募集された。

これらを反映して、決定版が２０２０年12月24日に社員に示された。

52のゴールズを設定

最終的に社員から集まったゴールズ案は約４００。これをデザイン会議のメンバーが中心

覆面座談会

発言者のアイコンは覆面レスラー

デザインイベント

方向性を共有するために行われたオンラインイベントの告知ページ

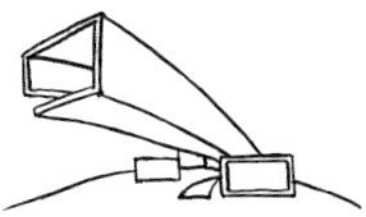

となって、似たものをまとめるなどして整理。2021年版「日建デザインゴールズ」では、**15のカテゴリーと、52のゴールズを設定**した。15のカテゴリーは以下だ。

□カテゴリー01. 地球の環境を徹底的に守るデザイン
（ゴールズ 1〜6）
□カテゴリー02. 人間が暮らすための、ウェルネスやレジリエンスを考えたデザイン
（ゴールズ 7〜11）
□カテゴリー03. 次世代のモビリティとTOD（駅まち一体開発）のデザイン
（ゴールズ 12〜15）
□カテゴリー04. 計画から運用時までのフレキシビリティのデザイン
（ゴールズ 16）
□カテゴリー05. DX時代の都市や建築のプロトタイプをデザイン
（ゴールズ 17〜20）
□カテゴリー06. あえて作らないデザイン（コンバージョン、リニューアル、リユース、リサイクル、保存、減築、解体設計によるデザイン）
（ゴールズ 21〜23）
□カテゴリー07. 制度と仕組みのデザイン

（ゴールズ24）

□カテゴリー08. 日建グループ内の仕組みのデザイン
（ゴールズ25～28）

□カテゴリー09. 世界で選ばれるデザイン／シグネチャーアーキテクトとしてのデザイン
（ゴールズ29～33）

□カテゴリー10. 遵法性、リスク管理のデザイン
（ゴールズ34～37）

□カテゴリー11. 日建グループならではのデザイン
（ゴールズ38～41）

□カテゴリー12. バリューにつながるデザイン

400案から15のカテゴリーと、52のゴールズを設定。

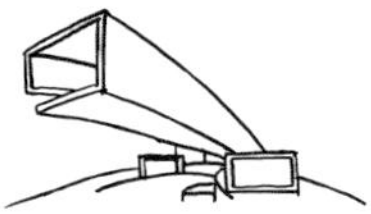

（ゴールズ42～44）

□カテゴリー13. 狭義のデザインの追及

（ゴールズ45～50）

□カテゴリー14. with/after COVID-19のデザイン

（ゴールズ51～52）

□カテゴリー15. 将来のゴールズ（ゴールズにするは今はまだ早すぎるかもしれないゴールズ候補）

ゴールズの詳細は次章に記す。

6章

初公開、これが「日建デザインゴールズ」だ！

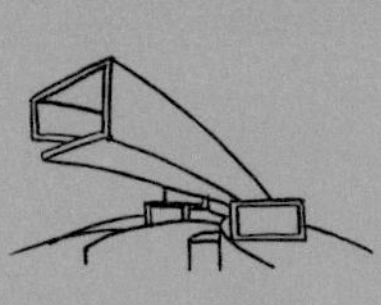

↓↓↓デザイン指針「日建デザインゴールズ」の骨子

●日建グループのデザイン指針である「日建デザインゴールズ」（以後、NDG）は、次の3層で構成されている。

↓ ビジョン
↓ ゴールズ
↓ チャレンジ

■ビジョンとは、

すべての根幹となる、グループ内で培われてきたデザインに関する理念。

「日建グループは、クライアントの想いを実現するための多彩な技術と知識を持った専門家集団です。

私たちは、クライアントの要請を深く洞察し、社会の変化に先んじて行動します。

プロフェッショナルの自由な発想と技術を掛け合わせ、さらなる高みへと挑戦し、期待を超える価値ある社会環境を創造します。

１００年を超える実績と経験を礎に、クライアントと共に社会環境デザインの先端を拓き、豊かな体験を社会や人々へ届けます。」

■ゴールズとは、

デザインの「道しるべ」となる、狭義なものから広義に至るまでの多様な方向性を集めたカタログ。15のカテゴリーからなる52のゴールズを設定した。

ゴールズは固定したものではなく、時代の推移を取り入れるべく、より使いやすく効果的なものを目指して、随時見直し更新していく。

■チャレンジとは、

プロジェクトの推進にあたり、ゴールズを念頭に、各プロジェクトチームが自発的に設定するデザインの具体的な目標。

デザインオリエンテーション／デザインレビュー（以後、ＤＯ／ＤＲ）では、プロジェクトチームがチャレンジを設定し、議論することで、デザインの質を向上させることを目指す。チャレンジ設定の参考に、ＮＤＧには役職員から寄せられた様々なチャレンジ案を示している。（チャレンジ案については、イントラネットからの検索を前提として相当量であるため、本書への掲載にあたっては割愛した）

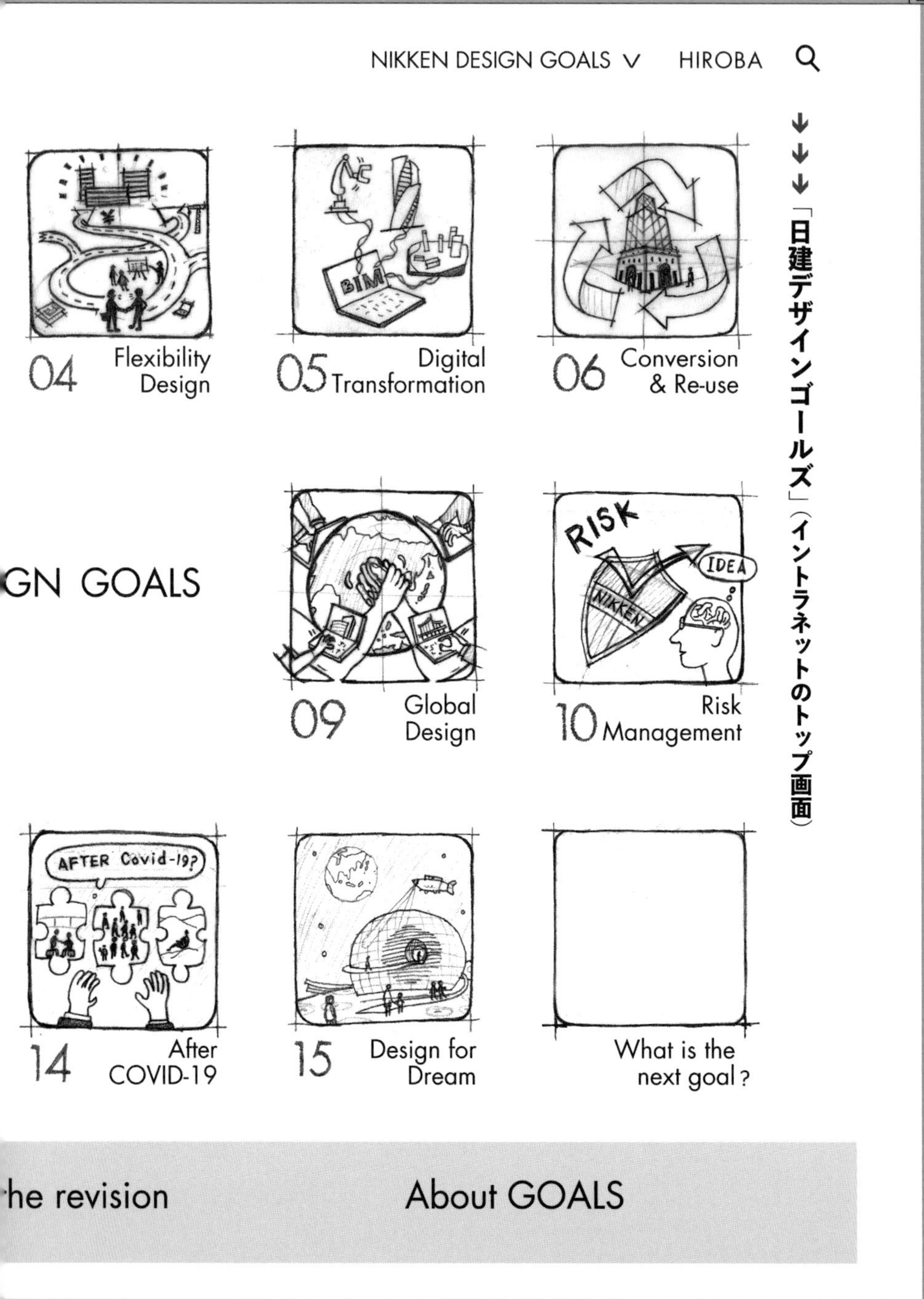
NIKKEN DESIGN GOALS ∨
HIROBA
04 Flexibility Design
05 Digital Transformation
06 Conversion & Re-use
GN GOALS
09 Global Design
10 Risk Management
RISK
IDEA
NIKKEN
14 After COVID-19
AFTER Covid-19?
BIM
15 Design for Dream
What is the next goal ?
he revision
About GOALS

↓
↓
↓「日建デザインゴールズ」（イントラネットのトップ画面）

NIKKEN

01 Global Environment

02 Wellness & Resilience

03 next TOD

07 Regulation Design

08 Organization Design

NIKKEN DE

11 All NIKKEN Design

12 Value Up Design

13 Sophisticated Design

全社 DO/DR申込み

HISTORY of

Category. 01

地球の環境を徹底的に守るデザイン

Global Environment

ゴールズ 01-01

これまでとは桁違いの精度、密度で環境やアクティビティを把握し、これらを反映した建築や都市をデザインする

ゴールズ 01-02

旧知のものの洗練に加え、これまでとは違う視点、モデル、システムによる環境負荷低減や環境保全をデザインする

ゴールズ 01-03

世界の厳しい水事情を知り、水の浪費を抑えた、ゼロウォーターシティ（ZWC）、ゼロウォータービル（ZWB）を実現する

ゴールズ 01-04

気候変動がリアルに感じられる時代の建築・都市の環境デザインを実践する

ゴールズ 01-05

画期的かつ本物のネットゼロエネルギービルディング（ZEB）、ネットゼロエネルギーハウス（ZEH）を実現し、都市とつながる建築環境をデザインする

ゴールズ 01-06

分散型都市機能を実現するエネルギー・資源・人のコミュニケーションをデザインする

Category. 02 人間が暮らすための、ウェルネスやレジリエンスを考えたデザイン

Wellness & Resilience

ゴールズ 02-01

満足感に満ちたウェルネス建築・医療福祉施設・教育施設・都市の先駆をデザインする

ゴールズ 02-02

旧知・新手の都市災害を想定し、最新かつ革新的な手法を用いてそれらに対応したレジリエントな都市や建築のデザインをする

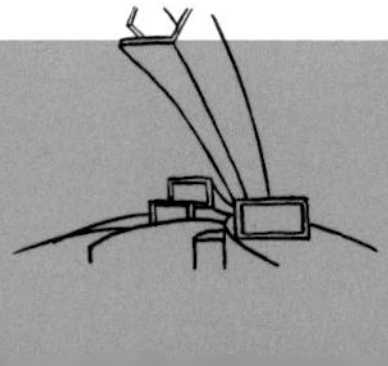

ゴールズ
02-03

ウェルネスとレジリエンスと賑わいを兼ね備えた、次世代型の建築環境、パブリックスペースやランドスケープをデザインする

ゴールズ
02-04

環境素材として認知され始めた木材を適材適所に用いた、木質化デザインをする

ゴールズ
02-05

差別と偏見を徹底して排除した、誰もが暮らしやすく使いやすい、真にユニバーサルな都市や建築の環境をデザインする

Category. 03

next TOD

次世代のモビリティとTOD（駅まち一体開発）のデザイン

ゴールズ
03-01

TODソリューションの次世代版を確立する

ゴールズ
03-02

社会変化に対応した新たなＴＯＤ拠点のあり方を提案する

ゴールズ
03-03

モビリティ革命に合わせた、都市インフラ、建築、ランドスケープのデザインのバージョンアップ

ゴールズ
03-04

モビリティの自動操縦化を応用し、分散型都市を成立させるシステムをデザインする

Category. 04

計画から運用時までのフレキシビリティのデザイン

Flexibility Design

ゴールズ
04-01

長期化・大型化・複雑化する大規模開発において、計画中、建設中、建設後に用途やプログラムを容易に軌道修正できる制度や仕組みをデザインする

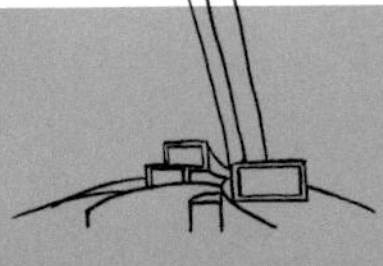

Category. 05

Digital Transformation

ＤＸ時代の都市や建築のプロトタイプをデザイン

ゴールズ 05-01

ミラーワールド、デジタルツインズ、ＩｏＴ、ＡＩを駆使した、次世代型建築や都市デザインの仕組みをつくる

ゴールズ 05-02

デジタルファブリケーションやデジタルコンストラクションを踏まえた、設計事務所ならではの施工への踏み込みとそれを反映したデザインをする

ゴールズ 05-03

日建グループの社屋等を利用し、デジタルデータを徹底的に利用した最新ファシリティマネジメント（ＦＭ）、人材管理システムをデザインし試行する

ゴールズ 05-04

ＩＣＴ等を利用し、日建グループの業務システムのＤＸ化を図り、業務の拡大や効率化とＤＸの最先端を役職員が日々の業務の中で体験する

Category. 06

あえて作らないデザイン（コンバージョン、リニューアル、リユース、リサイクル、保存、減築、解体設計によるデザイン）

Conversion & Re-use

ゴールズ 06-01

コンバージョン～リサイクルなどにおいて、先駆としての存在感を打ち出す手法をデザインする

ゴールズ 06-02

長寿命建築のバージョンアップ：物理的耐久性のみならず、仕組みやシステムで長寿命化を図るデザインをする

ゴールズ 06-03

歴史的建造物をさらに永く使うヘリテージデザインを実践する

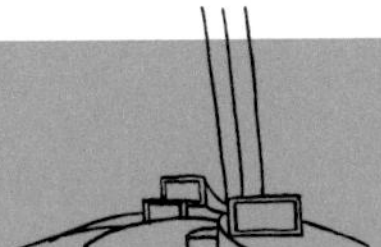

Category. 07

制度と仕組みのデザイン

Regulation Design

ゴールズ
07-01

法制度のデザイン：
新たなインセンティブを享受できる新しい制度をデザインする

Category. 08

日建グループ内の仕組みのデザイン

Organization Design

ゴールズ
08-01

複雑なプロジェクトにおいてクライアントが期待する、
プロジェクト運営をステアリングする仕組みを提供する

ゴールズ 08-02

BIM・ICT・産業の垂直統合化などの変化にマッチした、新しい最適な設計・建設プロジェクトのプロセスを構築する

ゴールズ 08-03

日建グループを開放系の組織に変え、プロジェクト単位で外部の人材を積極的に取り入れたり、外部の人と仕事をすることで刺激を受け、日建を内部から揺さぶる仕組みをデザインする

ゴールズ 08-04

ゴールズを実現できる組織を維持、発展させていく

Category. 09

世界で選ばれるデザイン／シグネチャーアーキテクトとしてのデザイン

Global Design

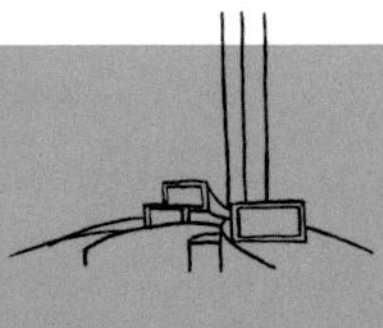

ゴールズ 09-01

各プロジェクトの背景にあるマーケット・社会・文化を理解し、求められているものを見出し、デザインで応える

ゴールズ 09-02

国際コンペで勝利を勝ち取れるデザインの体制、ハイレベルのプレゼンテーションを日常業務として作成できる製作体制を構築する

ゴールズ 09-03

地域ごとのリサーチを行い、ローカライズした建築デザインコンセプトを立案し、そのプロジェクトならではのデザインにつなげる

ゴールズ 09-04

海外での知名度とブランド力を向上させるため、海外向けデザイン戦略を整備し、戦略的なメディア対応を行い、プロモーションを図る

ゴールズ 09-05

世界で戦うフィールドに立つために必要なデザイン実績をつくる

Category. 10

遵法性、リスク管理のデザイン

Risk Management

ゴールズ 10-01

リスクを恐れることなくチャレンジに挑めるよう、遵法性やリスクをチェックする仕組みをデザインする

ゴールズ 10-02

マネタイズを意識したうえでリスクヘッジを行い、先ずは行動する体質へと日建グループを変える

ゴールズ 10-03

プロジェクト全般での遵法性の徹底を図るとともに、監理段階においてもさらに踏み込んだチェックを行う仕組みを再構築する

ゴールズ 10-04

個々の契約に対する認識を高め、かつ、契約に起因する問題を抑える仕組みをデザインする

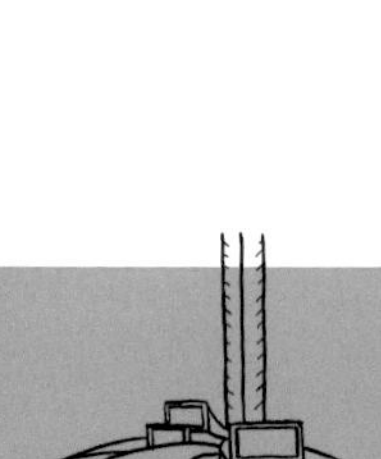

日建グループならではのデザイン

ゴールズ 11-01

日建グループの系譜と蓄積されたデータを、これからのデザインに活用できる環境を整備する

ゴールズ 11-02

日建グループならではの部門・グループ会社間の連携を活かしたデザインをする

ゴールズ 11-03

巨大プロジェクトならではのメリットや面白さを探求し、それにふさわしいデザインをする

ゴールズ 11-04

日建グループの殻を突き破る新たな「棘」を育む

Category.12

Value Up Design

バリューにつながるデザイン

ゴールズ 12-01

価値ある社会環境をもたらすデザインをする

ゴールズ 12-02

建設コスト・維持管理費からのデザインをする

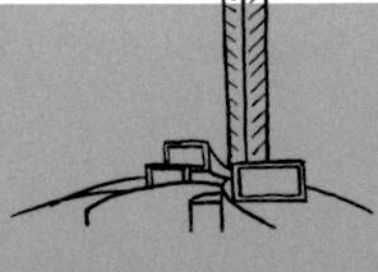

Category. 13

Sophisticated Design

狭義のデザインの追及

ゴールズ 13-01

狭義のデザインの「質」や「視点」をあくまで追及し、「デザインで選ばれるNIKKEN」を実現する

ゴールズ 13-02

プロジェクト毎に「チャレンジ」を設定し、デザインの質を徹底的に追及する

ゴールズ 13-03

質の高いデザインを実現する「デザイン技能」を高めるための、方法論の整備とアーカイブ化を行う

ゴールズ 13-04

普遍性の高い「デザインの視点」を選定し、デザインの質を徹底的に追及する

ゴールズ 13-05

時代に応じた新しい「デザインの視点」を探し、
それに応える「新しいデザイン」を創出する

ゴールズ 13-06

「デザインの質と価値」を評価する「デザインのことば」を育て、
「デザインを皆で議論する場」をつくる

Category. 14 — After COVID-19

with/after COVID-19のデザイン

ゴールズ 14-01

アクティビティデザイン2・0のバージョンアップ—
after COVID-19時代の、人の集まる意味、賑わいの意味を見出し、
サードプレイスに代わる新しい人の集まり方の仕組み、集まる場をデザインする

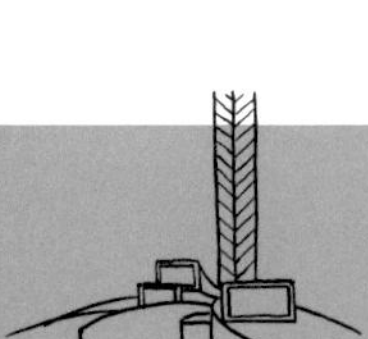

ゴールズ
14-02

働き方集まり方が変わり、それに呼応した新しい街づくりといった、これまでの常識とは異なる建築や都市づくりを模索する

Category. 15

Design for Dream

将来のゴールズ（ゴールズにするには、今はまだ早すぎるかもしれないゴールズ候補）

※カテゴリー15は今後さらなる議論が必要であるため、本書では割愛した。

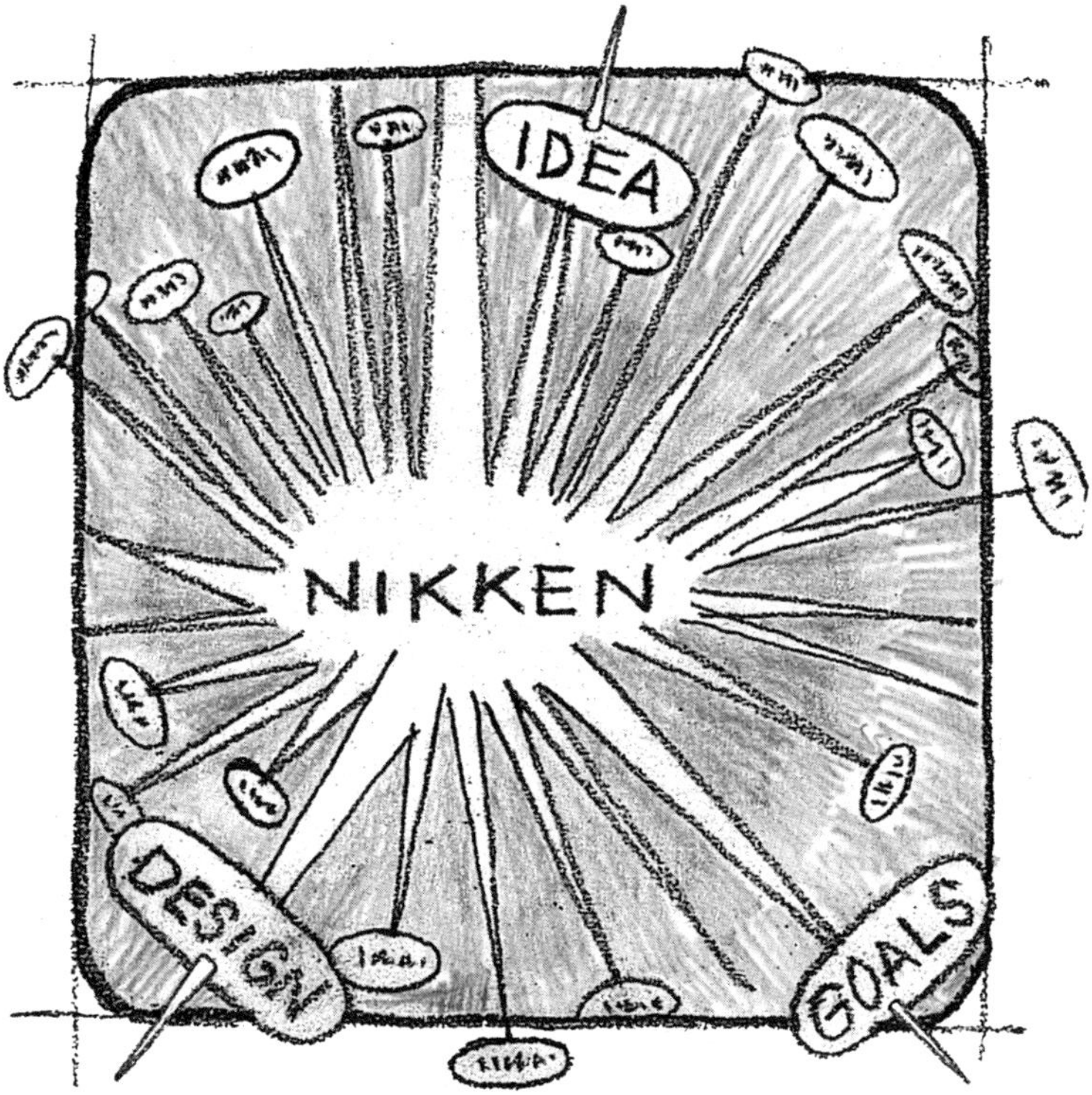
IDEA
NIKKEN
DESIGN
GOALS

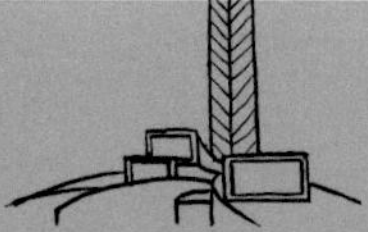

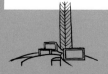

デザインゴールズの使い方

イントラネット上のトップ画面（上図）から、見たいカテゴリーのアイコンをクリックする。すると、それぞれのカテゴリー内の「ゴールズ」が表示される（下図）。さらに、各文面をクリックすると、「チャレンジ」の例が表示される（「チャレンジ」の例は数が多く、個別的な内容も含まれるため、本書では割愛した）。DO（方針会議）やDR（デザイン会議）の申請もこのサイトから行う。

ちなみに、各カテゴリーのアイコンを鉛筆書きにしたのは、「これが完成形ではなく、これからも常につくり続けていく」というメッセージを伝えるため。

7章

トンガリ不足？使い倒して改定版へ

ゴールズの運用が始まったのは、２０２１年1月からだ。冊子にして配るのではなく、イントラネット上で閲覧する形にした。扉絵に並ぶ15のカテゴリーをクリックすると、それぞれのゴールズを見ることができる。

ゴールズの冒頭部分には「ゴールズとチャレンジの運用方針」が書かれている。次のような内容だ。

●ゴールズは日建グループ内のクリエイティブな活動、すなわち広義のデザインにおける指針であり、活動にあたり「日建デザインゴールズ」の中のゴールズやチャレンジを参照し、（そのうえで）
●個々のプロジェクトが目指す、具体的なチャレンジとその具現化の方法を設定する
●そのチャレンジをＤＯ／ＤＲ記録に明記する（当面は、全社ＤＯ／ＤＲの対象プロジェクト）
●全社ＤＯ／ＤＲでは、チャレンジが適切に設定されているか、デザインによって具現化されているかを議論する。

ＤＯは設計の初期段階で行う「Design Orientation（方針会議）」、ＤＲは中盤や終盤で行う「Design Review」だ。つまり、**デザインの会議の場で、ゴールズを参考しながら個々のプロジェクトでのチャレンジを書き込まなければならなくなった。**

ＤＯやＤＲは、かつては亀井社長（現会長）の主催で行われていたが、ＣＤＯが任命されてからは、ＣＤＯの主催になった。会議には両ＣＤＯのほか、亀井会長や川島克也副社長も参加する。デザインと関係のあるプロジェクトは基本的にすべてが対象で、全プロジェクトの中からＣＤＯが選ぶものと、担当者側からの申請で対象にするものとがある。

DO／DRでの活発な意見交換

実際のＤＯやＤＲで、ゴールズがどのように使われているのかも取材することができた。運用開始から半年たった２０２１年6月～7月に、計10件ほどのＤＯ、ＤＲをオンラインで傍聴した。かつては会議室に集まって行うものだったが、コロナ禍以降はオンライン開催となっている。

デザイン会議の場で
チャレンジを示すことが必須に。

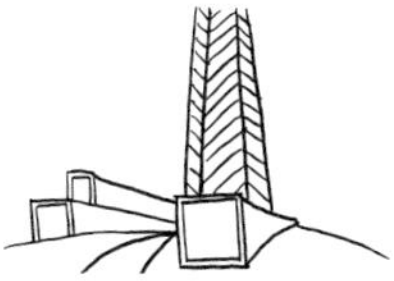

一つの会議は30分ほどで、冒頭10分ほどが担当者のプレゼンテーション。残りが全員での意見交換だ。

プレゼンテーションの頭の部分で、各担当者は、そのプロジェクトで目指すチャレンジを説明する。続いて、そのチャレンジに沿う形でプロジェクトの詳細を説明する。この流れは運用開始から半年たって定着しているようだ。

そうした流れにしたからなのだろうか、意見交換の活発さに驚いた。まるで設計チーム内での議論のように、自由なやり取りなのだ。

筆者の経験上、マネジメント層が並ぶ会議は、プロジェクトのリスクをあげつらうものになりがちだ。しかし、この会議は逆で、守りの姿勢や、定型的な部分をどんどん指摘していく。まさに「チャレンジ」のための会議という印象だった。

使われないなら、辞めた方がいい

山梨は現状をこう見る。「ゴールズはすごく参照されている。毎日何十件のアクセスがある。調べてみると、ピークの日では73人がアクセスしていた。無視する人もいるかなと思っていたが、ほぼ100％書いてくる。どこかに共感できる部分がある。それは当然だ。みんなから集めたのだから」

紙のマニュアルではなく、オンラインで見るものにしたことも正解だったと山梨は言う。

「利用度を可視化したことが大きい。使われないことが明らかになれば、それはすぐに辞めた方がいいということ。多分、**社訓みたいなものを新たにつくったとしても、誰もサイトに見に来たりしない**（笑）。社内文書の多くは死蔵文書になりがちで、僕の性格として、それは耐えられない」

会議を傍聴していて「激し過ぎるのでは」と心配になったＤＯやＤＲだが、山梨はそちらにも手応えを感じていると言う。「新しいやり方になってから、『ＤＯやＤＲに何度もかけよう』というプロジェクトが増えてきた。これまでは、どちらも1回が普通だった。みんな義務感でやっていた。それがプロジェクトを良くするための仕組みに見えだした。設計以外の分野からもＤＯやＤＲに申請するプロジェクトが出始めている。具体的な成果はまだ語れないが、明らかによくなっていくと思う」

社訓みたいなものをつくったとしても、誰もサイトに見に来ない。（山梨）

ほめてもらうだけでは前に進めない

デザイン会議のメンバーなど何人かに、現状でのゴールズの印象を聞いてみた。

議論の初期に「なぜ今、戦略なのか」と山梨に問うた渡辺由紀（設計部門ダイレクター）は、こう感じている。「自分も年齢を重ねるほどに、建築のデザイン以外のところに注ぐエネルギーが大きくなってきた。クライアントのいろいろな与条件を何とか整合してまとめ上げなければならない。デザインの部分への時間の使い方が限られてきて、根っこのコンセプチュアルな部分が風前の灯になるときもある。私はたまたま山梨の下に長くいたので気軽に相談しやすいが、そのやり方では属人的な偏りが出る。それを全社的な仕組みとしてちゃんとやろうということなんだと思う」

チームのメンバー以外からデザインに口を出されるのは正直、面倒ではないのか。渡辺はこう答える。「ほめてもらうだけでは前に進めない。労働時間が厳しく管理されるようになって、デザインについて気軽に雑談する機会がかつてよりも減っている。山梨たちがそれを仕組み化してくれたのはすごくいいことだと思う」

ここからどれだけそぎ落とすか

内輪（デザイン会議のメンバー）の方が、見方が厳しい。例えば、中国を主戦場とする喜多主税（設計部門ダイレクター）はこう言う。「結果的に、削らずに並べようということで、荒削りのまま並べた。バラバラの危機感がそのまま、まとまった感じだ。今の日建設計をよく表している。あれはゴールではなくスタートだと思う。持ち寄ったちょっとずつの危機感が次のヒントになるかな、という感じだ」

丁 炳均《じょんびょんぎゅん》（グローバルデザイン部門設計グループダイレクター）は、社外にメッセージが伝わるかが気になるという。「今回、出来たのは、たたき台程度。磨いていくのはこれから。**もっとトゲができるかなと思ったけれど、みんな入れていくと丸っこくなってしまった**。鋭いものにはなっていない。ここからどれだけそぎ落とすかが大事だと思う。欧米の事務所のメッセージは、もっと言いたいことが分かりやすい」

業界内だけでなく、「一般の人」にそれが伝わるかも大事だと丁は言う。「内々の議論では、『マツコの知らない世界』（バラエティー番組）に企画として持ち込めるくらいのものにしなけ

もっとトゲができるかと思ったけれど、
みんな入れていくと
丸っこくなってしまった。

ればという話をした。そのくらいでないと、一般の人には伝わらない。どうしたら番組に取り上げてもらえるかという視点で議論をさらに進めたら、すごく面白いゴールズになる」

まとめる過程にこそ意味があった

ゴールズがまとまった直後の2021年に新社長に就任した大松敦にも聞いてみた。大松は東京大学建築学科（意匠系）の出身だが、1983年に日建設計に入社した後は、一貫して都市開発の分野を切り開いてきた。都市部門初の社長である。

大松は言う。「議論が始まった当初は、〝憲法〟みたいなものをつくるのはどうなんだろうと思っていた。仮に最大公約数的には正しいとしても、全員が同じ方向を向けというのは日建グループには危険かなと思った」

ただ、その後の議論を見ていて、この取り組みには大きな意味があったと評価する。「議論して、みんなが思う幅を整えていく形にしたのは実に日建らしい。ゴールズ自体よりもプロセスに意味があった。**コロナ禍でなければ、あのことにあれだけのエネルギーはかけられなかった。**コロナ禍だから議論が広がったと思う」

途中、議論がなかなか収斂しないことに心配しなかったか？と問うと、大松は笑いながらこう答えた。「ああいう〝まとまらなさ〟も、日建設計らしい。コンペ案をつくるときもそう。最初、みんなで集まっても誰もまとめようとしない。『今回はこの方針で行こう』と最初にリーダーが言うことはほとんどない。情報を共有したら、まずはそれぞれ2、3案考えてみようよ、という感じ。数日後に集まっても、まだばらばら。ばらばらのまま泳がせながら、まとまって行くのを待つ（笑）」

　まとまったゴールズについてはどう感じているのか。

「これはどうなの？　みたいな話も交じっているけれど、あえて草刈りしないのが日建らしい。もっと先鋭化していく段階では、さらにリアルな議論が必要だろう。まとめるプロセスに意味があったように、今後、これを変えていくプロセスに意味がある。意匠系の人だけでなく、様々な職種の人が業務の手掛かりにできるものにして、都市や建築をつくる〝専門家集団〟へと変わっていきたい」

コロナ禍でなければ、この議論にあれだけのエネルギーはかけられなかった。

どれかが生き残るようにトゲをとがらせる

最後に、2人のCDOに今の想いと、今後について語ってもらい、このリポートを終えよう。まずは大谷から。

「みんなの意見を組み込んで、ゴールズというプロトタイプがひとまず出来上がった。今はまだそれほど達成感はない。確かにDOやDRでは使われるようになったが、みんな自分の都合の良いカテゴリーとチャレンジを見つけているだけ。数字を伴うような具体的な挑戦を示してくる人は滅多にいない。『バリューにつながるデザイン』というカテゴリーがあって（161ページ参照）、これにみんな逃げ込む（笑）」

今後について大谷はこう言う。「出来上がったゴールズのプロトタイプをどうしていくかを考えるこれからが大事な局面。ゴールズは360度あらゆる方向にトゲを出そうと、こういう形にした。適者生存の考え方。どっちの方向をとがらせるとは言わず、どれかが生き残るだろうというスタンス。それはうちの事務所の良さであって、弱点でもある。生き残るためにはそれぞれを本当にとがらせなければならない。**うちの事務所には予言者がいてはいけない**。実際、未来は誰にも見えてはいないのだから」

AIにゴールズを自動抽出させたい

山梨はこう言う。「それぞれの設計担当者がデザインについて逃げずに考えるようになった。議論の場では、単なる好き嫌いでなく、論理的にデザインについて意見するようになってきた。それは大きな進歩だと思う」

今後については、コンピューター通の山梨らしいこんな考え方だ。「数年後には、ＡＩ（人工知能）に基本設計書を読み込ませて、ゴールズを自動抽出するようにしたい。より多様なものになる」

この本が出版される頃には、すでにここに掲載したものとはかなり内容の異なる改定版デザインゴールズがまとまりつつあるかもしれない。

彼らは「不変のルール」を信じていない。１年半取材して、この組織が１２０年間存続してきた理由の一端が分かった気がした。

日建設計には予言者がいてはいけない。（大谷）

名作「パレスサイド・ビルディング」（43ページ参照）の屋上にて、CDOの2人。左が山梨知彦、右が大谷弘明（写真：的野弘路）

あとがき

最後になってではあるが、「なぜ日建設計なのか」について書きたい。

本書は、筆者が独立して2冊目の書き下ろしの著作となる。1冊目は2021年5月に発刊した『隈研吾建築図鑑』（日経BP刊）だった。スターアーキテクトの隈研吾氏と、組織設計事務所の日建設計――。物書きとして無節操と思われるかもしれないが、これは筆者なりに考えたうえでの〝初めの2冊〟である。

隈研吾氏と日建設計、共通項は「社会との関係」

「まえがき」でも触れたように、筆者は建築を学んだ人間ではない。文系出身で、たまたま建築専門雑誌『日経アーキテクチュア』に配属され、そこで建築の面白さに目覚めた。同誌の読者は建築のプロたち。次第に「この面白さを一般の人にも伝えたい」という想いが強まり、30年目に独立した。

独立1年目の大半を費やしたのが、隈建築巡りと、日建設計の取材だった。隈氏に着目したのは、誤解を恐れずに言えば、隈氏が〝有名〟だからだ。今や具体的なプロジェクトを知らなくても、ほとんどの人が「隈研吾」の名を知っている。全国各地に続々と隈建築が誕生している。隈建築を通して「建築と社会をつなぐヒント」を探りたい。そんなことを考えた。

一方で、日建設計についてまとめたいと考えたのは、これも誤解を恐れずに言うと、〝あまりにも知られていない〟からだ。日建設計を知らなくても、東京タワーや東京スカイツリーは知っている。なぜこれほど、社名が社会に知られていないのか。

そもそも一般の人は、組織設計という存在を知らない。個人の建築家を知ると建築への興味が増すように、組織設計について知ると、街を見るのが楽しくなる。日建設計を通して、組織設計という存在に関心を持ってもらいたいと考えた。

故・林昌二氏に学んだ「反省」という原動力

そうした意図で執筆したため、本書は広く一般の人が興味を持てるエピソードを中心に展開している。分かる人にだけ分かるような話は避けた。それゆえ、もっと深掘りしたかった話もある。その一つが林昌二氏（1928〜2011年）についてだ。

そもそも筆者が日建設計に興味を持ったのは、四半世紀前、林昌二氏を取材するようになってからだ。〝建築界のご意見番〟的な存在だった林氏の下に、社会経済ネタ担当だった若き日の筆者はしばしば取材に出向いた。一般的には「辛口」とくくられる林氏だが、筆者には「反省の人」というイメージが強い。林氏は自身の担当作について「もっとこうできたはず」と公然と反省の弁を述べるのだ。

普通ならば、依頼してくれたクライアントに配慮して、「この施設は最高です」と言うもの（隈氏はよくそう言う）。しかし、林氏は「自身の限界」を認め、「あり得た別の可能性」を指摘する。

特に印象深いのが、２００５年に「超高層を背負う近代建築は都市の風景を美しくしているか」というテーマで取材したときのコメントだ。この記事では、近代建築の未利用容積率を使って、背後に屛風のような超高層ビルを建てることをどう思うか、と識者に聞いて回った。「新たな保存の可能性だ」「いや、経済優先はけしからん」といった意見のなかで、林氏だけスタンスが全く違っていた。

「そもそも何のために超高層化するのか。それは建ぺい率を減らして、ビルの足元にオープンスペースを生み出し、気持ちのいい都市空間をつくろうという発想から来たものだ。その足元に威圧感のある近代建築がどんと構えている姿は、超高層のあるべき姿とは違う。（中略）これは私たちの世代が、魅力的な都市のオープンスペースをつくってこれなかったということである」――（『日経アーキテクチュア』２００５年1月10日号より）

本来目指していた超高層ビルを実現できていない我々に問題がある、という指摘だ。日建設計がこれまで設計した超高層すべてにダメ出ししている、ともとれる。そう言い切れる林氏にも惹かれるし、その林氏がリーダーシップを執ってきた日建設計にも惹かれるではないか（社内の人の気持ちはさておき……）。

単なる批判では、世界は何も変わらない。過去の検証と冷静な分析によってこそ、未来の

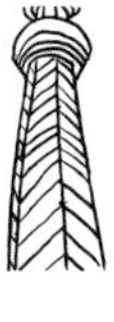

可能性は開かれる。筆者は林氏からそんなことを教わった。林氏が一線から退いて20年近く経つが、今回のデザイン戦略づくりも、そんな精神を受け継いだものに見える。
　筆者の力量で、その挑戦の面白さがどれだけ一般の人に伝わったかは正直、自信がない。校正紙を読み返すと、ああすればよかった、こうもできたかもしれないと、思うことが多々ある。しかし、ここは林氏を見習って、次の挑戦への原動力にしていきたいと思っている。

宮沢洋

２０２１年10月

〈写真クレジット〉

P17　三和銀行東京ビル　写真提供　日建設計
P27　住友総本店仮建物　写真提供　住友史料館
P29　住友家須磨別邸　写真提供　住友史料館
P31　東京手形交換所　出典　東京手形交換所新築写真帳より
P39　八幡製鐵所戸畑転炉工場　写真提供　日建設計
P39　神戸商工貿易センター　写真提供　日建設計
P41　世界貿易センタービル　写真提供　日建設計
P41　三愛ドリームセンター　写真撮影　川澄・小林研二写真事務所
P45　ツイン21　写真提供　日建設計
P49　モード学園スパイラルタワーズ　写真撮影　鈴木研一
P50　有明体操競技場　写真撮影　エスエス

〈参考文献〉

・『北浜五丁目十三番地まで　日建設計の系譜』　１９９１年、小西隆夫著、日建設計発行
・『北浜五丁目十三番地から　日建設計の１００年』　１９９９年、橋本喬行著、日建設計発行
・『日建設計　二十年史』　１９７０年、日建設計発行
・『設計の技術　日建設計の１００年』　２００１年、日建設計発行
・『日建設計　１１５年の生命誌』　２０１５年、林和久（日建設計顧問）著、日建設計発行
・『日経アーキテクチュア』　１９７７年10月17日号「設計組織ケーススタディ・日建設計」
・『新建築』　１９６２年１月号「ルポルタージュ：設計組織を探る」浜口隆一、村松貞次郎著

宮沢洋（みやざわ・ひろし）

画文家、編集者、BUNGA NET 代表兼編集長
1967年東京生まれ。90年早稲田大学政治経済学部卒業、日経BP社入社。建築専門誌「日経アーキテクチュア」編集部に配属。2016～19年、日経アーキテクチュア編集長。20年4月から磯達雄とOffice Bungaを共同主宰。建築ネットマガジン「BUNGA NET」を運営。21年5月株式会社ブンガネット設立。著書に『隈研吾建築図鑑』『昭和モダン建築巡礼』※、『プレモダン建築巡礼』※、『絶品・日本の歴史建築』※（※は磯達雄との共著）など

誰も知らない日建設計

2021年11月19日　1版1刷
2023年7月5日　　4刷

著者　宮沢洋
© Hiroshi Miyazawa,2021
発行者　國分正哉
発行　株式会社日経BP
日本経済新聞出版
発売　株式会社日経BPマーケティング
〒105-8308　東京都港区虎ノ門4-3-12
装丁　大谷剛史（tany design）
イラスト　宮沢洋
本文DTP　マーリンクレイン
印刷・製本　三松堂
ISBN 978-4-532-32442-1 Printed in Japan

本書の無断複写・複製（コピー等）は著作権法上の例外を除き、禁じられています。購入者以外の第三者による電子データ化および電子書籍化は、私的使用を含め一切認められておりません。本書籍に関するお問い合わせ、ご連絡は下記にて承ります。
https://nkbp.jp/booksQA